U0818771

社会化媒体环境下非对称性危机演化研究

姜金贵　张鹏飞　沈丹薇　著

HEUP 哈爾濱工程大學出版社

内容简介

社会化媒体的广泛应用使危机呈现出虚假信息过剩和真实信息匮乏、强势主体话语权弱化和弱势主体话语权强化、强势主体和弱势主体的利益损失差异、强势主体和弱势主体应对社会舆论差异等明显的非对称性特征。本书围绕社会化媒体环境下非对称性危机的演化进行了系统的研究。在界定社会化环境下非对称性危机内涵、特征的基础上,识别了社会化媒体环境下危机演化影响因素及因素间的关系,研究了社会化媒体影响下危机中弱势主体与强势主体之间的博弈策略,揭示了社会化媒体环境下非对称性危机演化机理,探索适用于社会化媒体环境下非对称性危机的协调解决机制。研究内容紧扣现实问题,通过科学凝练和研究,旨在丰富危机管理理论,指导实践中危机的科学应对。

本书主要面向高校和科研单位的硕士生、博士生和学者,对企业和政府中危机管理者也具有参考价值。

图书在版编目(CIP)数据

社会化媒体环境下非对称性危机演化研究/姜金贵,张鹏飞,沈丹薇著.—哈尔滨:哈尔滨工程大学出版社,2017.2

ISBN 978-7-5661-1448-8

Ⅰ.①社… Ⅱ.①姜… ②张… ③沈… Ⅲ.①媒体-影响-危机管理-研究 Ⅳ.①C934

中国版本图书馆 CIP 数据核字(2016)第 320039 号

选题策划 马中月
责任编辑 张忠远 马中月
封面设计 博鑫设计

出版发行 哈尔滨工程大学出版社
社　　址 哈尔滨市南岗区东大直街 124 号
邮政编码 150001
发行电话 0451-82519328
传　　真 0451-82519699
经　　销 新华书店
印　　刷 哈尔滨市石桥印务有限公司
开　　本 787 mm×960 mm 1/16
印　　张 6.5
字　　数 180 千字
版　　次 2017 年 2 月第 1 版
印　　次 2017 年 2 月第 1 次印刷
定　　价 29.80 元
http://www.hrbeupress.com
E-mail:heupress@hrbeu.edu.cn

前　言

社会化媒体(Social Media)是一种给予用户极大参与空间的新型在线媒体。在 Web 2.0 时代,社会化媒体的用户生成性、开放性、自由性、碎片化等特性改变了危机的传播模式,虚假信息过剩、真实信息匮乏、普通民众等弱势主体拥有更多话语权,“塔西佗陷阱”与“罗宾汉情结”涌现,这些都使得社会化媒体环境下的危机呈现出不同的特征与变化,迫切需要进行系统的分析与归纳。

虽然已有学者发现了此类现象的存在,但还未有学者将这些现象进行系统阐述,对这类危机进行合理定义,因此本书在提出非对称性危机概念的基础上,对社会化媒体环境下非对称性危机的演化进行了系统研究。

本书共包括7章。第1章是绪论,主要介绍了本书的研究背景、国内外研究现状及研究思路;第2章界定了社会化环境下非对称性危机的内涵,并分析其特征;第3章运用扎根理论识别了社会化媒体环境下危机演化影响因素;第4章通过定量方法研究了社会化媒体环境下危机演化影响因素的关系;第5章通过演化博弈分析了社会化媒体环境下非对称性危机中弱势主体与强势主体之间的博弈策略;第6章对社会化媒体环境下非对称性危机演化进行仿真,揭示了社会化媒体环境下非对称性危机演化机理;第7章探索适用于社会化媒体环境下非对称性危机的协调解决机制。本书的研究旨在关注社会化媒体对危机的影响,明晰社会化媒体环境下非对称危机的演化机理,从源头对危机进行预防以及在危机发生后采取合理的策略以进行协调解决。

全书的统稿与编排由姜金贵完成,其中第2章、第5章的研究成果主要基于姜金贵、沈丹薇的研究;第3章、第4章及6.1节的研究成果主要基于姜金贵、张鹏飞的研究。此外,研究生张琦、何筱彤也参与了本书的整理和仿真程序的调试。

本书是教育部人文社会科学青年基金项目“社会化媒体环境下非对称性危机事件的演化仿真研究”(13YJCZH062)、黑龙江省留学归国人员科学基金资助项目“社会化媒体环境下基于 Multi-Agent 的危机事件演化仿真研究”(LC2016028)、国家软科学基金资助项目“重特大灾害社会风险演化机理及多元治理研究”(2013GXS4D113)的研究成果。

本书所依托的科研项目在研究过程中得到了哈尔滨工程大学经济管理学院灾难与危机管理研究所的支持,在此表示深深的感谢。

疏漏之处,敬请指正。

著　者

2016 年 12 月

目　　录

第1章 绪 论

1.1 研究背景、目的及意义

1.1.1 研究背景

社会化媒体(Social Media)是一种给予用户极大参与空间的新型在线媒体,其建立在 Web 2.0 的技术和思维方式上,用户可以创造新的内容和用户间进行内容交流[1]。它使得用户的作用得到空前的提升,用户既是媒体信息内容的传播对象,同时也是媒体信息内容的制造者,这让民众开始摈弃过去“接受者”的角色,逐步参与到网络的日常运作中来,成为网络内容的创造者。

随着改革开放以来三十多年的发展,中国在社会发展、经济建设等诸多方面取得了举世瞩目的成绩,然而,改革的深入推进也使得进入社会转型期的中国面临的社会矛盾逐渐凸显,各类危机事件的发生频度、深度和广度持续增加[2]。社会化媒体的广泛应用打破了原有非对称性信息的传播模式[3],使得危机信息的流动、聚合与扩散呈现出了新模式,其所具有的广泛参与性、联通性、即时性等特点在赋予了参与者更多权限的同时,也彻底改变了危机中参与者的行为,进而影响了危机的演化。在参与主体方面,社会化媒体的出现让危机中参与主体的类型和数量大大增加;在危机信息传播的方式方面,社会化媒体扩展了危机信息传播的途径,使得危机信息由政府或政府主导的媒体单向传播逐步向社会广泛参与的多途径传播转变;在危机信息量方面,社会化媒体的出现,使得危机信息泛滥、危机舆论呈现多种观点并立的局面。由此可见,社会化媒体的普及与广泛应用为危机传播和危机信息的人际交流提供了更加便利的途径与平台,使得危机演化呈现出更为复杂、更为不确定的倾向。

与此同时,在社会化媒体环境下危机演化的过程中,由于危机信息源的多样化,信息的真伪难以判断,容易滋生谣言,因此出现虚假信息过剩和真实信息匮乏的非对称性;相比传统环境下的危机而言,舆论的影响力被不断放大,强势主体的话语权却在不断减弱，更易掉进“塔西佗陷阱”[4]，弱势主体和强势主体对危机的话语权出现差异，出现强势主体话语权弱化而弱势主体话语权强化的非对称性；在危机的传播过程中，强势主体声誉等将随着危机事态的进一步扩大而受到严重损害，但是对于弱势主体而言，其在社会化媒体上的言论不会对其利益产生影响，反而可以通过这种行为得到补偿，呈现出舆论对双方利益损失的非对称性；在强势主体采取应对策略时，往往会做出承诺，社会化媒体易将强势主体的每句话、每个行为进行放大，言论责任性增强，而社会化媒体提供了弱势主体言论自由的空间，相比强势主体而言，弱势主体言论无需承担责任，呈现出言论责任性的非对称性，等等。

社会化媒体的发展，为我们提供了发展的机遇，但是也存在着一些隐患。新时期，弱势主体的民主意识、维权意识等得到增强。当其利益受损时，弱势主体除了会采用传统的法律途径解决外，还会通过社会媒体进行信息的传播与号召来维护自身的利益。此外，当组织出现危机信息时，其传播的速度、广度和深度都得到了很大的加强。虽然已有学者发现了此类现象的存在，但还未有学者将这些现象进行系统的阐述，也未有学者将对这类危机进行合理定义。因此，本书在提出非对称性危机概念、识别社会化媒体环境下危机演化影响因素的基础上，对社会化媒体环境下非对称性危机的演化进行了系统的研究。

1.1.2 研究目的及意义

1. 研究目的

本书的研究目的是明晰社会化媒体环境下非对称性危机演化的影响因素及作用关系，分析社会化媒体环境下非对称性危机中弱势主体与强势主体之间的博弈策略，揭示社会化媒体环境下非对称性危机演化机理，从而探索适用于社会化媒体环境下的非对称性危机协调解决机制，从源头对危机进行预防以及在危机发生后采取合理的策略进行处理。

2. 研究意义

(1)理论意义

①完善危机管理理论体系

对社会化媒体环境下非对称性危机的内涵、特性展开研究，可以完善危机管理理论体系。在危机管理的研究中，虽然有学者对社会化媒体特性、影响进行了分析，但是未有学者对社会化媒体环境下危机呈现出来的信息，以及强势主体和弱势主体话语权、利益损失等非对称性方面进行总结。因此，本书通过对社会化媒体互动性、传播性、碎片化等特性进行分析，对非对称性危机进行内涵分析和特性描述，弥补了这部分理论的不足。

②有助于深入理解非对称性危机

针对社会化媒体广泛应用的新环境，系统分析非对称性危机演化的影响因素，有助于深入理解非对称性危机。高速发展的信息时代，特别是互联网的极速发展，各种社会化媒体的加入，使得一些新的影响危机演化的因素产生，这就使得危机演化更加复杂化，所以系统分析非对称性危机演化的影响因素，对更好地理解其演化过程有着重要的意义。

③明晰其参与主体的行为策略对非对称危机演化的影响

通过分析社会化媒体对强势主体和弱势主体行为的影响，明晰了社会化媒体环境下非对称性危机参与主体的行为策略对非对称性危机演化的影响。在危机的演化研究方面，学者们多数只考虑了传统环境下的演化博弈，而本书通过对社会化媒体特性对危机影响的研究，发现由于信息过剩、主体话语权弱化、利益损失严重以及言论责任性非对称性特性，强势主体和弱势主体的行为决策发生着变化，有必要对社会化媒体环境下非对称性危机的演化进行研究，为社会化媒体环境下危机的处理提供新的解决思路。

(2)实际意义

除了理论意义，本书的研究还具有实际意义，主要表现为本书的研究能够丰富和完善社会化媒体环境下非对称性危机的应对策略。危机发生后，最重要的是合理制定应对策略，合理的应对策略能够最大限度地降低危机对组织信誉、名誉、形象等的影响，甚至化危机为机遇，使其进入一个新的发展期。本书在分析社会化媒体环境下非对称性危机新特性以及影响因素的基础上，有针对性地提出预防和应对策略，为有效应对社会化媒体环境下非对称性危机，减少危机造成的负面影响提供实际指导。

1.2 国内外研究现状

1.2.1 国外研究现状

1. 社会化媒体环境下危机的研究现状

随着社会化媒体的蓬勃发展，学者对社会化媒体的关注越来越多，对社会化媒体环境下的危机也做了大量研究，相关研究主要体现在以下几个方面。

(1)对预防和应对危机开展研究

从社会化媒体中挖掘危机事件的信息，对预防和应对危机开展研究。Pohl 等人认为，社会化媒体为危机管理提供了大量的、多种形式的信息，通过相应的算法来自动处理这些数据，并从其中挖掘有用的数据，特别是挖掘能诱发危机的子事件，对社会化媒体环境下危机管理显得格外重要[5]；Kreiner 等人把 Twitter 和其他社会化媒体上采集的数据化分为国家发展计划安全模型中的七类，并利用自动分类器从中抽取信息并分析出其中的危机信息，从而为获取社会化媒体中的危机信息提供了方法和模型[6]；Jin 等人提出了 SMCC 危机模型，用以研究公众是怎样在社会化媒体和其他资源中产生、消费和分享危机信息的，研究结果指出了危机源在影响公众偏好信息源和信息形式中发挥着关键作用[7]。

(2)社会化媒体环境下危机信息传播及对用户行为影响的研究

Jiang 等人以银行危机为案例，研究了社会化媒体环境下的市场表现。他们通过多阶段动态分析模型发现，危机影响社会化媒体环境下的讨论主题，不同的利益相关者群体和主体在危机每个阶段对股票市场预期的影响会有很大的差异[8]。Wilensky 认为，社会化媒体对于那些亲身经历过危机或者间接受过危机影响的人，在寻求精神和情感支持或者重建他们的文化价值体系和身份方面发挥着重要的作用。并且，社会化媒体工具对于那些寻求情感支持与想同其他人在更加广阔的时间和空间里进行交流的人有着更为重要的作用[9]。Hui 等人研究了 Twitter 中存在的信息和用户的类型，并利用模型对这些信息是怎样在用户中进行传播进行了研究，认为危机管理者可以利用这一信息来促进准确信息的传播和阻碍不准确信息的传播[10]。Gupta 等人根据 Twitter 中用户在危机中发表的信息，运用谱聚类对用户进行分类，应用度中心性确定最高的中心用户，并确定他们所属的社区[11]。Li 等人以德克萨斯州校园枪击事件为例，研究了该危机事件在 Twitter 中的传播模式以及人们的信息交流行为[12]。

(3)社会化媒体在危机应对中的研究

Hiltz 等人以海啸为例，阐述了社会化媒体和危机管理的关系，认为随着现代媒体的发展，各个部门、机构、组织的关系更加亲密，能够集合到一起同步或不同步地进行危机事件的管理和应对[13]。Dugdale 等人研究了社会化媒体和 SMS 在地震后人道主义援助中的作用[14]。Birregah 等人认为，社会化媒体作为应急的平台，近年来已经被人们广泛利用，并发挥了强大的作用，但是其信息的利用效率和信息的整合，仍然是个问题。为此，他们提出基于社会化媒体的多层次危机筹划模型，以更加有效利用社会化媒体中的信息来应对危机[15]。

2. 危机演化机理的研究现状

国外学者对危机演化机理的研究主要集中在诱发因素、演化模型、个体行为理论等方面。

(1)危机诱发因素的研究

国外学者认为危机最终是由利益问题导致的。其中，Melucci 指出，社会结构改变致使许多矛盾凸显,人们共同意识到集体行动能够使他们获利最多,从而使集体行动频发[16];Gould 强调网络结构在集体行动的发生过程中扮演着重要的角色[17]。在社会冲突方面,Collins 认为冲突是由于财富、权力、声望等方面的不公平分配造成的[18],Dahrendorf 认为社会冲突的根源是对权力和权威等稀缺资源的争夺[19]。

(2)危机模型和因素的研究

Turner 构建了危机前阶段模型,认为危机在发生前阶段具有各种诱因,这些诱因相互作用和耦合,最终导致了大规模危机的爆发[20]。这些诱因包括:组织具有的觉察力和文化刚性的强度,假相干扰了对危险源的识别,系统内部信息错综复杂,沟通不畅、未按安全规章制度开展工作,缺乏危机意识和敏感度。Shaluf 等人通过对马来西亚 1968—2002 年期间 7 个灾害的调查报告的研究,提出了 Ibrahim - Razi 模型,将灾害的发生前阶段分为错误产生阶段、错误聚集阶段、警告阶段、纠正或改正阶段、不安全状态阶段、诱发事件产生阶段、保护防卫阶段、灾害爆发阶段,对组织系统内部的各因素及因素间的关系进行了分析,以此来发现各因素间的作用机理[21]。Shrivastava 等人提出工业危机模型,该模型描述工业危机的发展过程,认为工业的危机是由组织的内部和外部环境相互作用产生的。其中,组织内部因素包括成员、组织和技术因素,组织的外部环境因素包括管理制度、下层构造和应急失误[22]。1995 年,Burkholder 提出了危机演化模型,将危机的发展过程分为三个阶段,即急性的紧急事件阶段、晚期紧急事件阶段、后期紧急事件阶段。该模型描述了不同阶段紧急事件的状态,提出了必须依据紧急事件的阶段特征,具体问题具体分析,设定不同的目标和采取不同措施,在动态中处理危机[23]。Toft 和 Reynolds 提出了系统失误和文化重新调整模型(SFCRM),该模型认为危机是由于内部因素的变化与外部环境的不适应引发的,并认为通过事件后的调查分析,对组织进行适当的改变可以避免类似事件的发生[24]。

(3)危机中个体行为理论的研究

①模仿理论

该理论由 Tarde 提出,认为当人们面临危机时,多数人将处于非理智状态,自我控制能力降到最低点,行为出现"还原现象",即互相模仿,力求一致[25]。

②信息传播理论

该理论由沃纳·赛佛林提出,认为个体的集群行为是非组织行为,其信息不是组织提供的,而是来自流言和谣言[26]。

③感染理论

该理论认为情绪的变化影响个体的行为,而且个体的情绪极容易受到他人的影响,尤其是群体的影响[27]。

④紧急规范理论

该理论由 Gustave 提出,认为在一个群体中虽然没有一定的行为规范,但当危机发生时,人们之间会形成一种潜在的行为趋向,该理论合理地解释了集群行为[28]。

⑤控制转让理论

该理论由 Coleman 提出,认为每个人都是自己行为的主宰,而在集群行为中,当人们认为保持独立自主地位所获得的收益大于付出的代价时,他们就可能将自己行动的控制权转让给他人,目的是获取最大限度的收益,这种情况下就产生了集群行为[29]。

1.2.2 国内研究现状

1.社会化媒体环境下危机的研究现状

国内学者对社会化媒体环境下的危机及相关领域做了大量的研究,归纳起来主要体现在以下几个方面。

(1)社会化媒体对危机的影响研究

社会化媒体对危机的影响分为正面影响和负面影响两种。合理地利用社会化媒体,能够及时、有效地对危机进行预防和管控;反之则会加剧危机应对的复杂程度和破坏程度。余欢欢指出,社会化媒体使信息传播呈现出几何级、随意性、个性化的特点,及时地传播危机信息有助于有效开展危机预警、有效地监督危机的处理,此外,社会化媒体还可以缓解危机中公众心理的压力,但是社会化媒体同时也会充当谣言传播的载体,助长危机事态的恶化,不利于危机舆论的引导[30];郑慧君对危机中手机传播现象进行了研究,认为手机所具有的便携性及互动性,在危机发生时作为人际传播工具而异常活跃,手机平台的社会化媒体传播的危机信息对危机的蔓延、恶化、化解等均呈现出较大的影响,其中既有扩大信息采集、增强信息沟通等正面效应,也有引发社会恐慌、加速危机发展、损害政府及组织形象等负面效应[31];张琪认为,社会化媒体对舆论的引导是一把双刃剑,引导正确可以避免骚乱、稳定人心、消除恐惧、促进社会稳定,引导不正确则会把危机处理引向一个不利的处境,不但不利于危机的化解,还可能推波助澜,成为危机爆发的“助燃剂”,加重危机的危害程度[32]。

(2)社会化媒体对危机的监督作用

沈正赋、顾娅等人以汶川地震为例,研究了危机发生、发展四个阶段中社会化媒体的不同功能,他们认为正确发挥社会化媒体功能,对危机的预防控制以及我国社会的稳定和谐发展有着积极的作用[33]。李浩葳研究了危机中的大众传媒,认为在危机潜伏期,媒体如果能及时准确地发出预警信息,社会就有可能提前采取对策以减小危机的损害;在危机爆发期,主流媒体提供权威性的危机信息能够在一定程度上消除各种流言及其蔓延;在危机的扩散期,媒体能够最大限度地调用社会关系和社会资源,充分发挥其应用的舆论监督作用[34]。过肖芸对危机中社会化媒体的特殊作用分阶段进行了分析,认为社会化媒体在社会危机事件中有着重要的预警作用,是危机历史的记录者,是危机中的心理医生[35]。

(3)社会化媒体对危机的预警作用

慕良梓、张杰对危机中社会化媒体的传播作用进行了研究,认为社会化媒体在危机演化中具有及时监测功能,起到社会雷达预警作用,社会化媒体在危机中对维护社会稳定、促进沟通、监督不当行为等方面发挥着正面作用,能够有效减少危机的发生,缓解危机扩散[36-37]。赵帅认为,社会化媒体的实时动态性能对危机进行实时动态发布,对危机的发展状况进行及时的报道,这些都增加了信息的透明性,保证了公众的知情权[38]。危机事件发生后,社会化媒体有助于拓宽信息的传播渠道和方式,突破危机中各类谣言的迷雾,揭露事件的真相,从而使危机向着解决的方向发展[38]。张志海对突发事件与社会化媒体的关系进行了研究,分析了危机发展的不同阶段社会化媒体所发挥的作用,认为社会化媒体在潜伏期具有预警功能,在爆发期具有告知功能,在解决期发挥组织协调功能,在消退期发挥反思功能[39]。

(4)社会化媒体对危机中公众心理变化的影响

张玉茹对突发事件与危机干预进行了研究,认为在如今信息化时代下,社会化媒体与危机热线、网络服务、电子延伸服务等共同作用,可以给身处危机事件中的社会公众以强有力的心理支持[40]。

2. 危机演化机理的研究现状

在危机演化机理方面,运用社会冲突理论、燃烧理论和群体心理理论对危机进行了分析,并将其演化过程分为潜伏阶段、诱发阶段、发展高潮阶段和消亡平息阶段[41]。罗成琳等人通过分析相关部门、国内媒体、聚集群体之间的信息交流来分析危机事件的诱发过程,并将危机的演化过程分为诱因产生阶段、次生事件产生阶段、冲突爆发阶段、冲突应对阶段和恢复阶段[42]。江燕燕等通过研究将危机的发生过程分为预兆期、发作期、快速反应期和解决期这四个阶段[43]。郭浩等人通过案例分析把网络性危机分为潜伏期、引发期、发展期、爆发期和消亡期等五个阶段[44]。此外,陈安等人将危机的发生分为发生、发展、诱发三个阶段[45]。以上危机发展的阶段划分,基本上涵盖了我国危机发展的全部过程。

在影响因素方面,我国处于社会转型期,以前隐蔽的社会矛盾逐渐显露[46],这就为危机的爆发埋下了种子;社会转型期间我国经济的发展方式和水平也相应发生了很大的变化[47]，但是不合理的经济发展方式、民众合法利益受损、城乡和地区间经济发展水平差距增大[48]等经济发展衍生问题，也激化了社会各类矛盾的不断发生；经济的发展，对外贸易的加强，外来文化冲击使得民众的民主意识逐渐增强，但是与之对应的政治参与能力较低、法制观念淡薄[49]，导致部分民众选择通过一些不符合法律要求的方式来表达自己的诉求[50]；新媒体尤其是社会化媒体的逐步普及，对危机的传播起到一定推动作用；另外，在体制上，由于信息披露不及时、利益诉求表达机制不健全[51]、利益协调机制失衡、权力约束机制缺位、利益诉求机制不畅以及政府考核机制不合理等因素也促使了危机的频繁发生[52]。危机影响因素的研究模型和方法方面，许晶等人运用 ISM 这一系统工程理论和数值计算软件得出，新机制不完善是危机的根源，利益矛盾、贪污腐败、劳资纠纷等是危机的具体诱发因素[53]；汤志伟等以斯梅尔塞的价值累加理论模型为假设，运用结构方程模型，经研究得出，在网络危机中，结构性诱因、结构性紧张与怨恨、普遍情绪和共同信念、触发因素、行动动员和社会控制能力对网络危机的发生均具有显著影响[54]；曾婧婧运用契约论从环境转型、沟通变异和利益异化三个层面分析农村危机的成因[55]；张秋菊、朱帮助运用信息熵理论得出，经济发展速度、社会管理水平、环境保护水平、生存保障以及教育水平与危机有很强的关联性[56]，也就是说这几方面是影响危机的主要因素；姬浩等人运用 FP-growth 算法对高校危机关联规则进行了分析，并得出，大部分危机与日期没有必然联系，与内部因素相比外部因素导致的危机影响力更大[57]。

1.2.3 国内外研究现状评述

通过梳理、归纳国内外文献发现，近几年来学者们对危机的研究呈逐渐上升的趋势，学者利用案例分析等方法对传统环境下危机的影响因素进行了研究并对危机的发展过程进行了划分，对危机的演化机理做了相应的研究。学者们对危机的研究取得了较多的研究成果并且日趋系统化。但是其在研究中也存在着一些不足。

对危机的影响因素进行研究和提出时，没有考虑在社会化媒体这一新环境下影响因素的演变和增加。此外，在对危机的影响因素进行研究和提出时，由于其用到的主要方法是案例分析，通过案例的分析总结概括出这类事件的影响因素，因此往往导致得出的结果过于主观。虽然有学者利用一些模型和方法对危机的影响因素进行了研究，但是大部分研究只是得出影响因素的重要程度，尚缺少对影响因素的系统分析。所以，还需要在已有研究的基础上，对社会化媒体环境下危机的影响因素进行系统研究。

对于演化机理的研究主要是运用模型和仿真的方法，并获得一些独特的见解，对群体事件等危机的演化机理有较为深刻和全面的了解。但是其研究对象主要是网络群体事件,研究视角也多集中于传播学方面,危机演化过程的提出也主要通过事件分析得出,在可视化仿真研究方面较少,尚需要用规范的方法系统地研究危机的演化。

1.3 研究内容与思路

1.3.1 研究内容

本书针对社会化媒体环境下非对称性危机的演化问题,提炼相关的科学研究问题,综合运用信息传播理论、扎根理论、演化博弈理论、多主体仿真等分析方法,研究社会化媒体环境下非对称性危机的特征、不同主体间的博弈、演化机理、演化仿真、危机协调解决机制等。具体研究内容包括:

第1章绪论,介绍本书研究的背景、目的和意义,国内外研究现状,论文的研究内容、研究思路及方法,为后续开展社会化媒体环境下非对称性危机研究奠定基础。

第2章是社会化媒体环境下的非对称性危机。借鉴国内危机的内涵,界定了社会化媒体环境下非对称性危机的内涵,并着重分析了社会化媒体环境下非对称性危机的特征。

第3章运用扎根理论识别了社会化媒体环境下非对称性危机演化的影响因素。运用扎根理论,从资料数据中产生概念、建立概念之间的联系,并系统地对资料进行三级(开放式、主轴、选择性)编码,从而识别出社会化媒体环境下非对称性危机的主要影响因素和核心因素,厘清因素之间的关系。

第4章是基于SEM的社会化媒体环境下非对称性危机演化影响因素关系分析。在识别社会化媒体环境下非对称性危机演化的影响因素基础上,运用结构方程模型对影响因素进行关联度分析,梳理影响因素之间的关系。

第5章是社会化媒体环境下非对称性危机的演化博弈。分析了社会化媒体环境下非对称性危机的参与主体及其行为策略,构建了政府协调下的非对称性危机演化模型并进行稳定策略分析。

第6章是社会化媒体环境下非对称性危机的演化仿真。以社会化媒体环境下非对称性危机演化影响因素和因素间的作用关系为基础,运用NetLogo仿真平台建立非对称性危机演化的多主体仿真模型,并对演化过程、危机中主体间的策略进行动态模拟仿真,进而对社会化媒体环境下非对称性危机演化机理进行深入的讨论和分析。

第7章研究了社会化媒体环境下非对称性危机的协调解决机制。依据社会化媒体环境下非对称性危机演化中弱势主体与强势主体的行为、演化机理,结合非对称性危机治理策略效果的仿真结果,提取社会化媒体环境下非对称性危机治理的“情景－权变”管理范式,构建社会化媒体环境下非对称性危机的协调解决机制。

1.3.2 研究思路

本书的基本思路框图如图1－1所示。

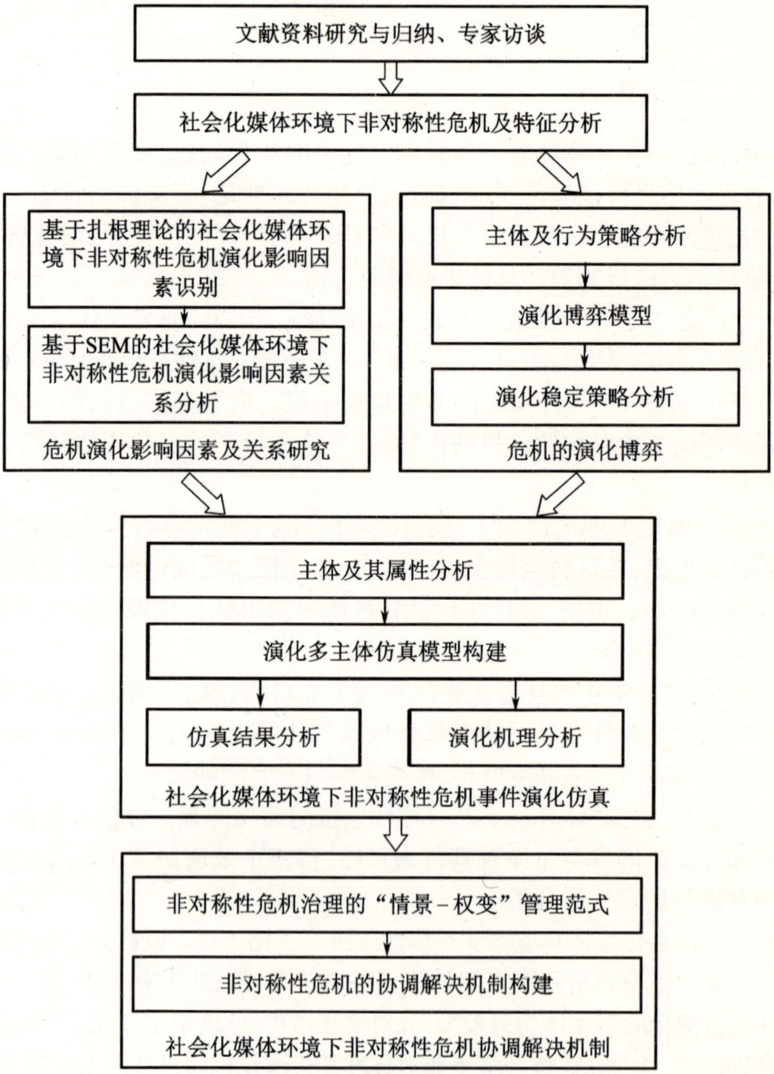

图1－1 研究思路框图

第2章　社会化媒体环境下的非对称性危机

2.1　危机概述

2.1.1　危机的内涵

危机的概念最早可以追溯到古希腊时代,在古希腊语中危机的含义是:有利和不利后果之间的转折点[58]。当代很多学者从不同的主体、特征、语义、理论方法等角度对其进行了定义。

著名的危机研究先驱查尔斯·赫尔曼(Charles Hermann)认为,危机是威胁到决策集团优先目标的一种形势,在这种形势中,决策集团只有非常有限的时间对这种形势作出反应,出人意料的是该形势常常向决策集团意想不到的方向发展[59]。

罗森塔尔(Uriel Rozentali)认为,危机是指对一个社会系统的基本价值和行为准则构架产生严重威胁的事件,该事件需要在有限的时间范围内和事件的不确定性下作出决策[60]。

巴顿认为,危机是一个能引起潜在负面影响的具有不确定性的大事件,这种事件及其后果可能对组织及其声誉、产品、服务人员和资产等造成巨大的损害[61]。

沃纳·赛佛林认为,危机是一种能够带来高度不确定性和高度威胁的"特殊的不可预测的"非常规的事件或一系列事件[62]。

本书通过对危机定义的梳理,认为危机是指系统内部或外部的不利因素集聚,从而使系统受损、破坏的一种现象。

2.1.2　社会化媒体环境下危机的特点

社会化媒体环境下的危机呈现出新的特点,可以总结为以下几点。

1. 突发性增强

社会化媒体的自身特点和其产生的影响增加了危机的活性,当危机源产生后,社会化媒体大大增加了其传播广度、速度，使危机处于爆发的边缘状态，当危机源积聚到一定程度后危机便会突然爆发。

2. 不确定性增强

在社会化媒体环境下，当危机发生时，往往会随时出现新情况和新变化，同时又由于其演化因素复杂多样，传统的仅仅依靠经验应对的方式很难有效预测危机的发展，从而使得危机的不确定性大大增强。

3. 蔓延性增强

由于社会化媒体的自由便利性，使得危机信息能够通过各种社会化媒体工具迅速而广泛地在社会中传播，与此同时，社会化媒体也为谣言等虚假信息的传播提供了便利，使得受影响的民众更多地参与到危机中，从而导致危机迅速蔓延并持续发酵。

4. 主体多元性增强

社会化媒体的简单易用、便利特性使得使用群体的知识文化门槛降低，这就大大提升了各类主体利用社会化媒体参与到危机中的可能性。近年来发生的各类危机，也证明了危机的参与主体与以往相比，涉及者的人群数量、职业、社会地位、民族、性别、地区等都有很大的变化，呈现出更多的主体多元化趋势。

2.2 社会化媒体环境下非对称性危机的内涵及特征

2.2.1 社会化媒体环境下非对称性危机的内涵

社会化媒体的普遍应用改变了信息的传播模式，为人们提供了一个更为自由公开的平台。通过对危机概念、社会化媒体对危机影响的分析可以发现，社会化媒体对危机中强势主体和弱势主体的影响存在一定差异，使得强势主体与弱势主体在危机中的行为发生变化。在社会化媒体环境下，危机给强势主体带来了巨大的挑战，其应对稍有差池，就会给其带来巨大的损失。而弱势主体在社会化媒体环境下则可以更有效地维护自身权益，强势主体和弱势主体的优劣态势形成反转，因此，本书提出了社会化媒体环境下非对称性危机的定义。

社会化媒体环境下非对称性危机是指偶然出现的对社会系统的基本价值和行为准则构架产生严重威胁，在借助社会化媒体被广泛宣传的过程中，社会化媒体对强势主体和弱势主体在话语权、利得损失、舆论反应等方面的影响呈现出不对等性差异的一类事件。

非对称性危机中的不对等性差异表现为强势主体和弱势主体在危机演化过程中所处地位的强弱差异。通常情况,危机演化过程中强势主体凭借其社会地位和掌握的社会资源往往处于强势地位,使得危机的演化呈现出对自己有利的态势。然而,社会化媒体的出现会使得危机中弱势主体的信息知情权、话语权明显提升,同时,社会化媒体信息传播的低成本性、更大的社会影响性、谣言等使得企业声誉面临被无限放大的风险,加之股市等金融市场波动的影响均削弱了社会化媒体环境下强势主体的强势地位。

2.2.2 社会化媒体环境下非对称性危机的特征

社会化媒体的实时性、碎片性、开放性、交互性及高效性等特点[63],使得危机中弱势主体能更方便获取危机相关信息,通过评论、转发进一步对危机信息进行广泛传播,而强势主体面对社会化媒体平台传播的各种危机信息、谣言,其言行变得更为谨慎。分析社会化媒体对危机的影响,总结社会化媒体环境下非对称性危机具备如下特性。

1. 虚假信息过剩与真实信息匮乏的非对称性

社会化媒体的出现改变了信息的传播方式,即在一个相对公开的环境中,各类信息的传播具有极大的不可控性,表现在传播时间、传播内容以及传播信息来源的不可控性[64]。危机发生后,弱势主体可通过社会化媒体这一渠道及时了解整个事件的发展动态,并可以将自己了解到的内容及时发布。但是,由于社会化媒体信息传播的不可控性,信息来源渠道较广,政府及舆情监测部门难以对信息的真伪进行有效管控。一方面,强势主体努力通过形象宣传、发表声明等行为修复声誉、减少损失,但是由于社会化媒体的出现,人人都具备话语权,信息的多源性使得人们无从判断信息真伪,外界不断地接收到各种不利于强势主体的信息,强势主体面临着自身有利信息无法有效传播的不对称[65]。而在不确定信息真伪的前提下,许多社会化媒体用户怀着“宁可信其有不可信其无”的心态对危机信息再度转发,导致出现虚假信息过剩的乱象。另一方面,社会化媒体以及意见领袖的出现,极大地影响着人们对危机信息真伪的判断。公众都具备从众心态,愿意相信意见领袖的分析,并根据自己的判断对危机发生的原因进行猜测,从而造成一些真实信息被掩藏、推测的虚假信息被广泛传播的现象。这时候出现的信息匮乏与传统环境相比,不再是强势主体有意隐瞒实情造成的信息匮乏,而是真实信息相对于泛滥的虚假信息的匮乏。因此,社会化媒体环境下非对称性危机容易呈现真实信息匮乏而虚假信息过剩的非对称性特性。

2. 强势主体话语权弱化与弱势主体话语权强化的非对称性

在社会化媒体的话语空间中，话语权不仅仅是指用户拥有说话的资格，更是指用户所说的话、所发表的观点言论能够得到有效传播，能够产生影响力[66]。在社会化媒体话语权中，精英阶层掌握着话语权，如社会化媒体女王姚晨、Google 全球副总裁李开复以及社会化媒体红人等，草根阶层虽说可以发声，但是其社会化媒体影响力远远不够。危机中由于社会化媒体这类新媒介信息控制技术壁垒的客观存在，造成了强势主体控制权的部分丧失或弱化；相反，弱势主体却获得了更多的话语权，强势主体需要支付更多的资源维护其已有话语权的优势[67]。在这场话语权博弈中，弱势主体作为危机的弱势一方，更易获得社会的同情，其言论的发表以及对危机的进一步控诉会引起社会化媒体中精英阶层的关注，通过社会化媒体意见领袖的进一步转发，弱势主体言论得到有效传播，产生了较大的影响力，从而进一步强化了弱势主体的话语权。相对而言，强势主体在危机应对中的澄清、辩解等行为易令其陷入“塔西佗陷阱”，当公众对强势主体不再信任的时候，无论强势主体在危机中如何表现，都会被认为是掩盖事实真相、撇清自身责任的表现，一旦强势主体丧失了公众的信任，其话语权便会彻底弱化。因此，社会化媒体环境下危机往往表现出强势主体话语权弱化、弱势主体话语权强化的非对称性特性。

3. 舆论对强势主体与弱势主体造成利益损失的非对称性

社会化媒体的言论自由令弱势主体对危机的言论借助社会化媒体被广泛转发、评论，导致危机突破区域限制，从而使得危机信息跨区域乃至全球范围快速扩散，危机负面信息的广泛扩散会严重影响强势主体利益相关者的情绪，强势主体利益随着危机的演化而受到严重损害。与之形成鲜明对比的是，弱势主体在社会化媒体平台发表、转发危机相关信息的成本几乎忽略不计，甚至可以借助社会舆论影响施压强势主体，进而从强势主体的应对策略中获得额外经济补偿，增加收益或者弥补利益损失。因此，社会化媒体环境下危机舆论对强势主体、弱势主体的利益损失存在严重的非对称性。

4. 社会舆论对危机中强势主体与弱势主体反应的非对称性

传统媒体环境下，强势主体往往可以通过开展危机公关，特别是运用恰当的策略应对危机，通过展现社会责任等策略引导社会舆论。但是在社会化媒体环境下，通过发布权威信息或澄清信息却不一定能获得较好的应对效果。强势主体通过社会化媒体公开发表的信息，陈述自己毫不知情，或是否定责任等是一个很好的应对策略。但是，随着危机真相的展开，如果结果恰恰是由于强势主体违规操作造成的，社会舆论将会给予强势主体巨大的负面反应。因此，强势主体在社会化媒体上发布信息要谨慎。相对而言，弱势主体的言论则更为自由，由于在危机中被视为受害者、弱势群体，即使出现辱骂、诋毁的言论也会被舆论视为是弱势主体情绪激动，难以抑制的表现，从而赢得各方的谅解。因此，在社会化媒体环境下社会舆论对危机涉事主体反应呈现非对称性特征。

第3章　基于扎根理论的社会化媒体环境下非对称性危机演化影响因素识别

3.1　扎根理论概述

扎根理论是一种通过深入情境的研究收集数据和资料，通过对数据间的不断比较，进行抽象化、概念化的思考和分析，从数据资料中归纳提炼出概念（Concept）和范畴（Category）并在此基础上构建理论的研究方法论[68]。扎根理论研究方法论产生于社会学领域，由美国芝加哥大学的格莱瑟（Glaser）和哥伦比亚大学的斯特劳斯（Strauss）提出。在长期的发展中，扎根理论出现了三大派别，它们分别为格莱瑟（Glaser）、斯特劳斯（Strauss）提出的经典扎根理论[69]，斯特劳斯（Strauss）、科宾（Corbin）提出的程序化扎根理论[70]，以及查美斯（Charmaz）提出的建构型扎根理论[71]，其中程序化扎根理论是扎根理论三大流派中使用最为广泛的一支。

扎根理论是质性分析中一个重要的理论工具，它克服了质性分析其他方法中偏重经验性的缺点，为研究者提供了一套系统的方法，使研究者在整理资料的基础上对资料进行自下而上的不断分析、比较、归类，从而从资料中挖掘出深层次的理论体系。

扎根理论的编码包括三个过程，即开放性编码（Open Coding）、主轴编码（Axial Coding）和选择性编码（Selective Coding）。其研究流程如图3－1所示。

开放性编码：通过对数据进行逐行编码将其逐层概念化和抽象化，通过不断比较把数据及抽象出的概念打破、揉碎并重新综合。

主轴编码：通过运用"因果条件→现象→脉络→中介条件→行动/互动策略→结果"这一典范模型[72]，把各范畴联系起来，并将与研究问题最相关的范畴挑选出来形成主范畴，以此进一步分析主范畴与副范畴之间的关系。

选择性编码：选择核心范畴，将其系统地与其他范畴予以联系，验证其间的关系,并把概念化尚未发展完备的范畴补充完整的过程[73]。

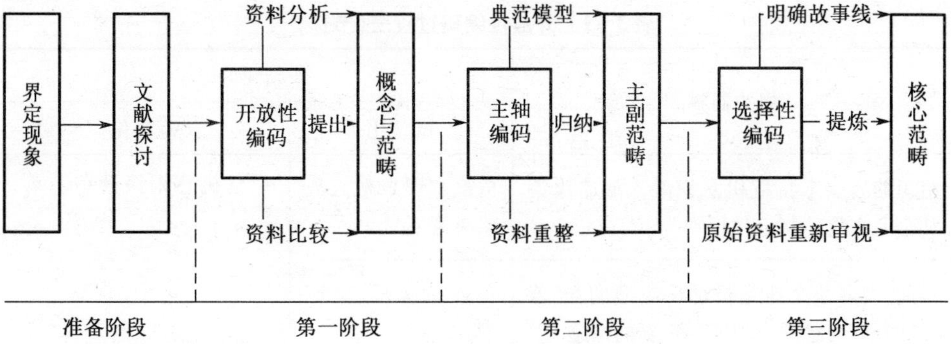

图3-1　扎根理论编码过程

3.2　数据来源

本书所用的资料主要来源于两方面:

(1)以“危机”“群体事件”“突发事件”“社会化媒体”等为关键词,在CNKI和万方这两个中文数据库中搜索相应文献,然后截取并整理了其中关于危机演化的资料。

(2)筛选从2008年到2015年典型危机事件,并从网络中搜取这些事件的相关报道作为分析资料。

3.3　开放性编码

开放性编码的作用是对收集的资料进行初步编码从而得到概念和范畴,并确定概念和范畴之间的从属关系。在开放性编码过程中,要坚持“既什么都相信,又什么都不信”的原则[74],摒弃对研究问题的主观看法,尽量保留资料中能够作为编码的原话,做到客观性。通过对数据的不断比较概括整理,进而得到:“欠发达地区土地问题”“经济效益驱使”“城镇化发展”“工矿企业”“掠夺性开发”“补偿价格偏低”“有效保障”等418个概念,“道德问题”“个体行为独特多样”“民主意识觉醒”

"价值观念""维权意识"等 74 个范畴。部分内容如表 3 – 1 所示。

表 3 – 1　开放性编码过程表(节选)

<table>
<tr><th rowspan="2">相关资料</th><th colspan="2">开放性编码</th></tr>
<tr><th>概念化</th><th>范畴化</th></tr>
<tr><td>组织的高层未将危机意识融入战略决策和企业文化的制定过程中</td><td>危机意识未融入战略决策 a_1</td><td rowspan="8">A_1 危机意识淡薄(a_1,a_2,a_3,a_4)
A_2 组织功能失效(a_5)
A_3 控制制度缺陷(a_6,a_7,a_8,a_9)
A_4 组织沟通失效(a_{10},a_{11},a_{12},a_{13})
A_5 部门职能不明确(a_{14},a_{15})
A_6 信任危机(a_{16},a_{17},a_{18},a_{19},a_{20})</td></tr>
<tr><td>目前,大多数企业是被动反应型的,经营者随着新问题的出现而制定新的措施</td><td>企业为被动反应型 a_2</td></tr>
<tr><td>组织的中下层员工忽视消费者和公众的负面反应</td><td>忽视消费者和公众的负面反应 a_3</td></tr>
<tr><td>组织中成员危机意识不强,在工作中缺乏危机意识</td><td>危机意识不强 a_4</td></tr>
<tr><td>在危机预警信号发出后,由于沟通失效会使组织失去最佳的危机控制时机;在危机控制过程中,沟通失效会使系统资源无法及时调动</td><td>系统资源无法及时调动 a_5</td></tr>
<tr><td>各项措施在工作实施过程中控制不力</td><td>实施控制不力 a_6</td></tr>
<tr><td>例如,中国红十字会"捐赠伪劣自行车事件"其实发生在 2011 年,媒体当时就有报道,但是直到 2012 年 4 月媒体已经掌握了极为翔实的资料,在铺天盖地的声讨之后,中国红十字会才开始着手危机公关,显然反应太慢了,效果可想而知</td><td>反应迟缓 a_7</td></tr>
<tr><td>公司治理和内控制度不够完善</td><td>治理和内控制度不完善 a_8</td></tr>
</table>

表3－1(续)

<table>
<tr><th rowspan="2">相关资料</th><th colspan="2">开放性编码</th></tr>
<tr><th>概念化</th><th>范畴化</th></tr>
<tr><td>禁止或限制某些信息的传播,对所有手机用户进行全面及时的控制根本不可能完全做到</td><td>不能全面及时控制 a_9</td><td rowspan="5">A_7 员工情绪(a_{21},a_{22})
A_8 内部矛盾(a_{23},a_{24},a_{25},a_{26})
A_9 人员素质(a_{27},a_{28})
A_{10}外部关系(a_{29},a_{30},a_{31})</td></tr>
<tr><td>企业与媒体和外部公众的沟通更为重要,有时起着至关重要的作用</td><td>沟通很重要 a_{10}</td></tr>
<tr><td>如果沟通渠道不畅,会使内部和外部公众疑虑更重,危机会难以驾驭。“壹基金”的存亡危机事件就属于这种,在得知“壹基金”的存续存在政策上的障碍后,“壹基金”负责人李连杰先生事先未与内部公众和外部公众进行有效的沟通,而是选择在各方公众毫无准备的情况下突然在大众媒体上发布“壹基金存在中断可能”的重要信息,从而使得内部公众自危,外部公众疑惑,扩大了危机的负面影响</td><td>沟通不畅 a_{11}</td></tr>
<tr><td>组织没有建立网络沟通渠道</td><td>无网络沟通渠道 a_{12}</td></tr>
<tr><td>企业中成员比较分散,联系不紧密,缺乏必要的信息交流</td><td>成员联系不紧密 a_{13}</td></tr>
<tr><td>⋮</td><td>⋮</td><td>⋮</td></tr>
<tr><td>⋮</td><td>共计418个概念</td><td>共计74个范畴</td></tr>
</table>

3.4 主轴编码

完成了开放性编码之后,运用“因果条件→现象→脉络→中介条件→行动/互动的策略→结果”这一典范模型把各范畴联系起来,并将与研究问题最相关的范畴挑选出来形成主范畴,以分析主范畴与副范畴之间的关系。其中,因果条件和中介条件是分析现象的条件，脉络是指该范畴性质的具体纬度指标，行动/互动的策略是事件中行动者采取的行动/互动的策略和结果这一典范模型，把各范畴联系起来，并将与研究问题最相关的范畴挑选出来形成主范畴，以分析主范畴与副范畴之间的关系[75]。这样就得到"个人成长""社会化媒体促进""发展滞后""组织沟通""组织公关""管理控制""组织成员的能力素质"7个主范畴。

3.4.1 个人成长

个人在成长过程中受家庭环境的影响很大（比如，家庭的完整度、父母的价值观、家庭的教育方式、家庭的和谐程度等），外出求学后，远离朋友亲人，少了家长的关注和监管，缺乏严重的安全感和归属感，加上学校重视升学率、就业率等指标，而忽略了学生价值观、道德观、人生观的培养，致使一部分学生产生心理问题。在社会化媒体高度发展的环境下，一些图谋不轨者利用社会化媒体对不良文化进行传播，这使得判别能力不强的学生，思想上发生严重变化。当一个人加入一个组织后会对组织中出现的不平等现象进行放大，并产生严重的不满，致使不利于组织的信息在内外部进行传播，此人甚至做出偏激行为。此外，近几十年来，我国一直处于社会的转型期，经济、政治、文化等都发生了重大的变化。社会的转型使文化呈多元化发展，西方文化传入中国，并与我国传统文化发生激烈碰撞，由于社会化媒体的发展及使用者的自由性、多样性，使得西方思想得到大量传播，其中不乏资产阶级腐朽思想，对民众特别是青少年产生了重大的影响。在这期间人们的维权意识增强，集体意识减弱，个人主义增强，个人的需求也发生了很大的变化。中西方思想体系的激烈碰撞使得人们的价值观发生了严重的变化，"个人成长"的典范模型如表3－2所示。

表3－2 "个人成长"的典范模型

因果条件：A_{22}家庭教育，A_{23}学校教育，A_{59}家庭氛围的不和谐，A_{55}社会转型期	现象：A_{13}心理缺陷，A_{15}判别能力，A_{19}文化多元化
脉络：A_{14}不平等现象，A_{20}个人意识，A_{25}个人需求变化	中介条件：A_{57}大众媒体对不良文化的传播，A_{47}维权维权意识增加，A_{56}个人主义增强
行动/互动策略：A_{43}媒体传播的负面效应，A_{45}媒体使用者图谋不轨，A_{40}传播者的自由性，A_{46}媒体监管的困难性	
结果：不利信息产生并得到传播	

3.4.2　社会化媒体促进

近年来随着网络技术的发展，社会化媒体得到了迅速发展。其自身所拥有的便利性、自由性等特性为人们进行观点交流和信息传播提供了自由的平台。另外，由于参与人数众多，以及参与者的复杂性（如年龄、性别、学历、背景等），当不同的观点在网络上进行传播时，具有相同观点的人逐渐聚集形成代表某一观点的群体。此外，网络技术的发展促进了社会化媒体的发展，网络的分散性和普及性，使得信息的呈现速度加快，各种媒体为了增强信息的关注度追求信息的独家性，在信息线人、信息推手及媒体间合作的推动下，使得信息传播的广度和速度增加，如表3－3所示。

表3－3　“社会化媒体促进”的典范模型

因果条件：A_{39}自媒体的便利性，A_{74}提供言论自由平台，A_{49}社会化媒体迅速发展，A_{16}网络技术的发展，A_{43}网络的分散	现象：A_{35}参与人数多，A_{34}信息呈现快
脉络：A_{41}参与者的复杂性，A_{70}媒体获取独家选题，A_{72}促使关注度增加	中介条件：A_{36}观点碰撞，A_{42}媒体对信息的有利传播
行动/互动策略：A_{73}意见聚集化，A_{37}社会化媒体间的合作，A_{38}信息推手	
结果：A_{71}网络群体出现，A_{24}信息传播的广度和速度增加	

3.4.3　发展滞后

工业化速度加快，错综复杂的外部环境瞬息万变，组织发展跟不上环境变化的节奏，主要表现在产权保护体系不健全、组织创新能力弱等方面，这样就使得组织变得相对脆弱，在当今激烈、不规范的竞争环境下很容易产生组织危机，如表3－4所示。

表3－4　“发展滞后”的典范模型

因果条件：A_{60}工业化加速	现象：A_{66}错综复杂的外部环境
脉络：A_{50}组织相对脆弱性	中介条件：A_{51}产权保护体系不健全，A_{61}组织自主创新能力弱
行动/互动策略：A_{62}竞争激烈不规范	
结果：组织危机	

3.4.4 组织沟通

组织内部信息的不透明,部门职能不明确,使得成员不能明确自己应有的职责,容易出现成员联系不紧密,使得员工对组织产生一定的情绪,并出现一定的信任危机,形成内部矛盾,使组织计划和目标不能及时正常完成,如表3-5所示。

表3-5 “组织沟通”的典范模型

因果条件:A_{12}信息不透明,A_5部门职能不明确	现象:A_{48}联系不密切
脉络:A_7员工情绪	中介条件:A_6信任危机
行动/互动策略:A_4组织沟通失效	
结果:A_8内部矛盾	

3.4.5 组织公关

一个组织由于缺乏政治性资源,缺乏外部关系,导致在危机发生时不能调动组织的资源,组织功能失效。又由于缺乏危机快速反应体系和控制制度缺陷,组织不能对危机初始阶段进行应对和控制。此外,对外发言人制度不健全,例如言论不一致等问题,严重损害了组织的形象,使组织陷入危机当中,如表3-6所示。

表3-6 “组织公关”的典范模型

因果条件:A_{16}政治性资源缺失,A_{10}外部关系缺失	现象:A_2组织功能失效
脉络:A_{67}缺失快速反应体系	中介条件:A_3控制制度缺陷
行动/互动策略:A_{68}对外发言人制度不健全	
结果:A_{63}损害了自身形象	

3.4.6 管理控制

在组织管理的交替期最容易出现组织危机,加上组织内外部政策体制的变化,容易出现管理者断层、人才流失等人力资源危机。由于管理不到位,管理制度不完善,解决的时机不当,使组织内部出现内部管理危机,如表3-7所示。

表3－7　“管理控制”的典范模型

因果条件:A_{65}管理交替期,A_{64}政策体制问题	现象:A_{52}人力资源危机
脉络:A_{26}管理不到位	中介条件:A_{28}管理制度不完善
行动/互动策略:A_{11}解决时机不当	
结果:管理危机	

3.4.7　组织成员的能力素质

由于组织成员的能力素质问题,会使组织成员有意无意地造成工作上的失误。另外,由于组织成员特别是管理者缺乏危机意识、诚信意识不强、法制观念淡薄等问题,当危机出现时,由于成员的素质问题,不能很好地分析问题,提出有效的解决问题的策略,以致不能具体问题具体分析,制定的策略不当,甚至采取回避策略,这样使问题得不到解决,危机频出,如表3－8所示。

表3－8　“组织成员的能力素质”的典范模型

因果条件:A_{32}组织成员的能力,A_{29}管理者能力,A_9 人员素质	现象:A_{31}组织成员有意无意的失误
脉络:A_1 危机意识淡薄,A_{30}诚信意识不强	中介条件:A_{58}法制观念淡薄
行动/互动策略:A_{30}回避,A_{18}不具体问题具体分析,A_{53}策略不当	
结果:A_{27}纠纷频出	

3.5　选择性编码

3.5.1　选择性编码的概念

选择性译码是指通过故事线从主副范畴中找出核心范畴,并厘清它们之间的关系[76]。通过对以上74个范畴特别是对“个人成长”“社会化媒体促进”“发展滞后”“组织沟通”“组织公关”“管理控制”“组织成员的能力素质”7个主范畴的分析比较,提炼出“社会化媒体环境下个人能力素质”这一核心范畴来概括和分析其他范畴。根据核心范畴的故事线,其可以表现为两个方面,即微观方面和宏观方面。

1. 微观方面

个人在成长过程中,由于受到家庭、学校、社会等方面的影响,每个人的成长轨迹、性格特点都有着很大的差别。在个人的成长过程中,由于社会化媒体的自由便利等特性使其对社会化媒体工具的使用频率和强度增加,然而由于社会化媒体相对缺乏有利的媒体监管,使社会化媒体平台传播的信息参差不齐,甚至出现谣言等虚假信息内容。社会的不断进步与开放使得外部一些负面思想涌入,使得部分青少年因为缺乏正确的认识、判断和选择能力而导致价值体系发生严重混乱,个人主义、拜金主义、享乐主义不断滋生蔓延。

2. 宏观方面

在宏观环境方面,改革开放三十多年的经济高速发展使得我国发生了翻天覆地的变化,也导致部分企业的经营环境发生了重大的变化,然而由于组织管理层人员的素质和能力问题,使得组织不能够根据环境的变化而做出相应的调整,使得组织出现了内部管理失效、成员及部门间沟通不畅等一系列危机。此外,组织公关的缺失,使得组织在面对发生的外部危机时,不能够及时有效地通过合理、权威的渠道来应对危机,在社会化媒体的推动促进下,危机被迅速扩散。内部危机源和外部危机源得不到很好的控制,最终导致组织危机的发生。

3.5.2 社会化媒体在其中的作用

在此过程中,社会化媒体的作用主体体现在不良信息的传播上。其主要体现在两个方面:

(1)社会化媒体在个人成长过程中传播不良信息影响个人性格、价值观念等,乃至造成个人价值体系混乱;

(2)社会化媒体促进了组织内部和外部不利信息的传播,使危机扩散。

3.6 理论饱和度检验

作为决定何时停止采样的鉴定标准,理论饱和度检验是指不可获取额外数据以使分析者进一步发展某一个范畴之特征的时刻[77]。对模型进行理论饱和度检验的目的是保证研究的可信度和准确性。

3.6.1 危机事件

1.“携程泄密门”风波

携程因为工作人员的技术问题造成客户信息泄露,“泄密门”被曝光后,官方微博称此为短时漏洞，当用户出现信用卡财产问题时仍坚称"网络支付是安全的"。此后，面对种种质疑，携程大多以官方语言敷衍[78]。（技术问题——组织成员能力素质，坚称网络支付安全；语言敷衍——对外发言人制度不健全，组织沟通不畅。）

2."尼康黑斑门"事件

尼康相机因产品组件问题，而出现黑点，在相机清理仍不能解决问题的情况下，工作人员坚称"尼康某款相机没有任何问题"。尼康公司偷偷摸摸更换快门，拒绝换机，且售后以"清灰不算修理、更换叫预防性更换"这样的解释让不少用户对尼康公司失去了信任[79]。（组件问题——管理控制不当；坚称没问题——一味否认；解释不满——鸵鸟策略；失去信任——失去公众和客户的信任。）

3. 湖北石首"6. 17 事件"

石首市永隆大酒店厨师非正常死亡，民警多次与死者亲属进行了沟通，讲明为查清死因，必须进行尸体解剖，但遭到家属拒绝，家属对死因表示质疑，由此引发众多不明真相的群众阻碍交通，围观起哄[80]。（多次沟通但遭拒绝——组织公关失败；对死因质疑，不明真相群众围观——组织沟通不畅。）

3. 6. 2　理论饱和度检验

通过对以上三个危机事件案例进行开放性编码、主轴编码和选择性编码，编码过程中没有发现频繁出现的新概念类属，类属之间也没有产生新的关系，相关因素仍符合"社会化媒体环境下组织成员能力素质发展"的脉络和因果关系。因此，可以断定理论模型是饱和的。由此可以根据故事线得出危机演化的理论模型，如图3－2所示。

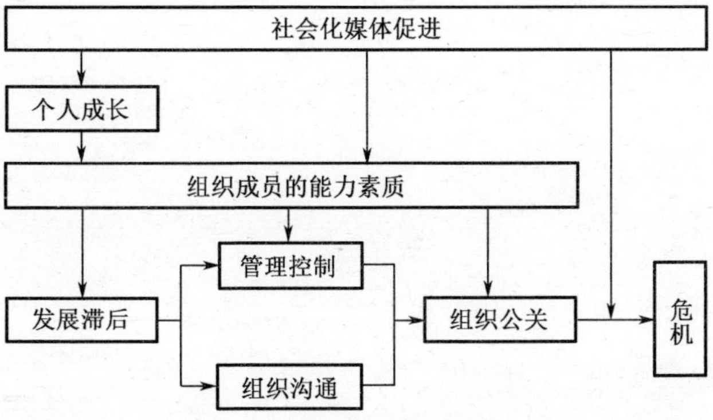

图3－2　危机演化的理论模型图

在社会化媒体高度发展的环境下，社会化媒体的影响已经不知不觉地渗透到人们学习、工作、生活的各个角落，影响着人们的成长和发展。社会化媒体的自由便利增加了人们参与社会化媒体的概率，社会化媒体的特性如虚拟性、匿名性等使人们可以自由地发表自己的言论，使各种观点看法在社会化媒体这个平台中自由地激荡。此外，监管制度与社会化媒体的高速发展脱节，致使网络中充斥着种种不良信息，这对人们的世界观及人生观、价值观造成了严重的影响。特别是处于成长期的青少年和文化程度不高的民众，因为其缺乏足够的判别能力，极易受到不良信息的影响，造成个人思想的变化，如极端化、偏执化等。这些都在一定程度上影响着个人的素质。个人素质的影响也受到个人成长过程中的环境影响，比如，家庭环境、学校环境和社会环境等，尤其是在青少年时期，个人的可塑性较强，这些环境的微妙变化都会对个人的能力素质产生明显的影响。当个体进入社会、企业、学校等组织后，个体的能力和素质对组织的发展变化起着重要的影响，个体的能力和素质的低下会增加组织中危机发生的概率，组织中管理层个体能力和素质不高会造成组织发展滞后、组织管控能力下降、组织机构设置不合理、信息沟通不畅、组织内部矛盾不能得到很好的解决等问题，这些问题都是组织中危机萌芽滋生的源泉。此外，当出现外部危机时，由于外部公关人员能力素质的限制，危机不能得到很好的处理，比如，处理方法不当、内外说法不一、不能充分利用好外部政治资源等。这样不管是外部危机还是内部危机，由于社会化媒体对个人能力素质的负面影响使得危机得不到及时有效的管理控制，危机集聚，最终导致危机爆发。

第4章 基于SEM的社会化媒体环境下非对称性危机演化影响因素关系分析

4.1 结构方程模型基本理论

4.1.1 结构方程模型的概念

结构方程模型(Structural Equation Modeling,SEM)是利用变量的协方差矩阵分析各变量之间关系,能将现实生活中错综复杂的多因素之间的关系定量化的新型的建模方法。简单来说,结构模型方程可以分为结构方程(Structural Model)和测量方程(Measure Equation)两部分,结构方程描述潜变量之间的关系,测量方程则描述潜变量与指标之间的关系。

4.1.2 结构方程模型的优点

与传统的统计方法相比,结构方程模型具有以下几个优点。

1. 可以同时处理多个因变量

传统路径分析和回归分析的实际计算中,只存在一个因变量,并且进行单独计算(虽然在统计分析结果中展示了多个因变量)。如果要分析多个因变量,则要对其分别计算,这就忽视了因变量之间的影响关系。运用结构方程模型可以解决这个问题,它把多个因变量放在同一个模型中计算,充分考虑各因变量之间的影响关系,增加了计算的准确度[81]。

2. 允许外衍变量(自变量)和内衍变量(因变量)含有测量误差

测量过程中误差是不可避免的,在回归分析中只允许因变量存在测量误差,但假定自变量没有误差。结构方程模型没有严格的限制条件,允许自变量和因变量都含有测量误差,这加强了模型对实际问题的解释,大大提高了模型拟合优度[82]。

3. 可以估计整个模型和数据的拟合程度

在传统的因子分析和路径分析中,其只能估计每一个路径(变量间关系)间的关系情况,不能用不同的模型对同一样本数据进行拟合分析,不利于模型间的比较和最优模型的选择。而结构方程模型,则克服了这一缺陷,能够对同一样本数据进行不同模型的拟合,从而可以从众多假设模型中选择最优模型[83]。

4.1.3 结构方程模型的建模分析过程

结构方程模型分析的基本流程如图 4 – 1 所示。

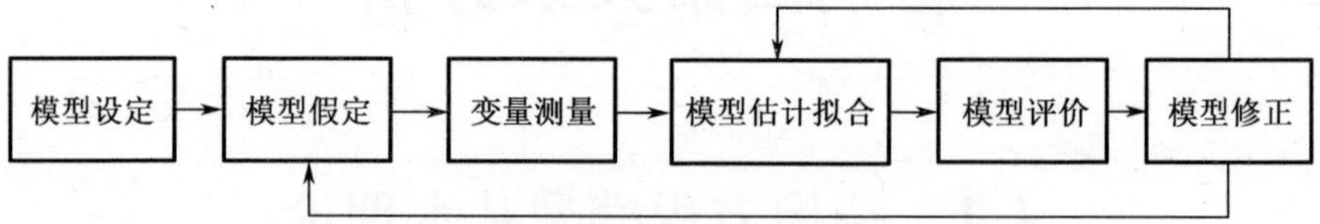

图 4 – 1 结构方程模型分析的基本流程图

1. 模型设定

结构方程模型是一项基于理论分析的统计方法,所以它需要一定的理论为基础。也就是说,首先需要一定的理论研究,对变量间的关系有一个初步的估计;然后再通过数据统计分析检验这种假设是否具有显著性。只有这样才会使数据和模型得到较好的匹配。

2. 模型假设

对模型作出一定的假设,并界定变量与潜变量,观察变量与潜变量的关系,以及根据自身的知识及经验,对模型中的因子、负荷系数等作出一定的范围界定。

3. 变量测量

所谓变量测量是指当研究者在明确研究问题,对模型作出设定假设后,确定观测变量的个数,通过调查问卷等方式对每个构面进行测量,并对数据进行信度效度分析,为后续模型分析提供准确的数据。

4. 模型估计

在这一环节中,将运用所得到的数据对假定的模型进行匹配,估计变量和潜变量,观测变量和潜变量之间的路径系数,观测变量和内生变量的误差项,以及各变量的方差。其中,模型的估计的方法有极大似然法(Maximum Likelihood,ML)、广义最小二乘法(Generalized Least Squares,GLS)、未加权最小平方法(Unweighted Least Squares,ULS)、尺度自由最小平方法(Scale-free Least Squares,AFLS)和渐进分布自由法(Asymptotically Distribution-Free,ADF)。其中使用最广泛的估计法为极大似然法和广义最小二乘法。

5. 模型评价

对于模型的评价准确来说需要两个过程。首先,进行违犯估计,即检查参数估计的合理性,即模型是否存在下列违规情况:存在负的误差方差、标准化参数系数≥1、标准误极大或极小。若出现上述情况则表明我们建立的模型并不在可接受的范围内,需要重新进行模型建立或通过模型修正的方法来改进。其次,当参数估计都符合上述规定时,要进行模型拟合度检验。拟合度检验是对模型与数据匹配程度的检验,其主要通过以下指标进行检验,如表4-1所示。

表4-1　结构方程模型适配度的评价指标及其评价标准

指标名称		评价标准
绝对适配度指标	卡方值	越小越好
	GFI	GFI >0.9 时,拟合度良好
	AGFI	AGFI >0.9 时,拟合度良好
	RMR	越小越好, <0.05 时拟合良好
	RMSEA	<0.05,良好;0.05 ~0.0,不错;0.08 ~0.1,中度; >0.1,不良
增值适配度指标	NFI	>0.9,拟合良好
	CFI	>0.9,拟合良好
简约适配度指标	AIC	越小越好

6. 模型修正

当模型的适配度不高时,就要对模型进行修正。在修正过程中主要是根据修正指数(MI)进行逐步修正,修正指标能反映修正后模型比修正前模型卡方值与参数改变的最小值。一般的修正方法有:

(1)增加或删除某条路径

此方法可以利用修正指数(MI)逐步修正,在使用修正指数时要在保证路径在理论上成立的情况下尽可能选择数值较大的修正指数,因为较大的修正指数使卡方值(Chi-square)和参数(Par Change)下降的幅度比较大,也能保证模型路径的理论意义。

(2)固定参数值

当变异数估计值为负值时,就是把这个变异数固定为一个很小正数(例如,0.005)。

(3)删除变量

当相关系数值超过或者非常地接近于1,此时可以考虑删除模型中的一个变量。

在使用以上模型修正方法对模型进行修正时,要结合模型评价数据和理论的实际理论意义,使理论和数据得到完美的结合。

4.2 研究模型及研究假设构建

本书通过扎根理论得出危机演化的影响因素,并通过梳理故事线初步分析了因素间的关系及相互作用,并得出初步的理论模型,并以该模型为基础做出初步的变量关系模型,如图4-2所示。

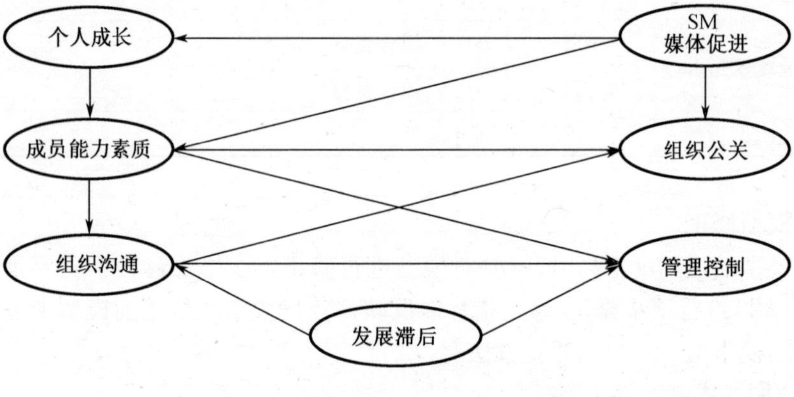

图4-2　变量关系图

4.2.1 社会媒体对价值取向有重要影响

关于社会化媒体对个人的影响,不少学者做了研究。王俊华等人认为,社会化媒体对青少年的价值取向有着重要的影响,提升社会化媒体的先进文化价值品质对培养青少年健康的主体人格和价值取向有着重要的作用[84];蕾菁认为,网络对青少年有正面和负面的影响,良好的网络文化环境有利于青少年的健康成长[85];

候桂鸿认为,青少年正处在世界观、人生观、价值观的关键时期,要正确引导以减少微博对青少年产生的负面影响[86]。由以上学者的研究可知,社会化媒体对个人的成长以及能力素质有着重要的影响。

据此作出以下假设:

(1)社会化媒体的极速发展,虚假信息、不良信息等的传播,尤其是中西方文化的碰撞,西方文化的侵蚀,使个人在成长过程价值体系发生变化,世界观、人生观、价值观发展严重的扭曲。

H1:社会化媒体促进产生的负面效应与其对个人成长产生的危害成正相关。

H2:社会化媒体促进产生的负面效应与成员能力和素质的低下成正相关。

(2)个人在成长过程中其能力和素质的养成与其个人进入社会、单位等组织后的能力素质息息相关。在成长过程中,能力和素质基本决定了进入组织后成员的能力素质。

H3:个人成长与成员能力素质成正相关。

4.2.2　管理者的能力和素质直接决定组织中管理工作的好坏

对于组织中成员的能力和素质,学者们也做了大量的研究。冯新新认为,管理者处于管理活动的主导地位,其能力和素质的高低直接决定了组织中管理工作的好坏[87];马海燕等对员工的能力和素质与销售的关系进行了研究,研究结果表明,员工的能力和素质与其销售业绩成正相关[88];姚向东认为,组织素质是个人素质的总体体现,它决定了组织接受新事物的能力和应变力,未来的竞争是人才的竞争,组织素质是关键[89]。由此可知,在一个组织中,不管是普通成员还是管理者,其能力和素质都对一个组织的各个方面产生严重影响。

据此作出以下假设:

(1)一个组织发展滞后,其自身的管理机制、危机应对机制会在一定程度上落后于社会环境的发展,对于新出现的情况不能够很好地应对,这就会影响组织沟通、管理控制。

H4:组织发展的滞后与组织沟通低下成正相关。

H5:组织发展的滞后与管理控制低下成正相关。

(2)在组织中,不管是普通成员还是领导层,能力和素质都对组织发展起着至关重要的作用。普通成员的能力和素质低下,会增加组织危机发生的概率;领导层成员能力和素质低下,其对组织就不能进行有效的管理,当组织危机产生时也不能及时地管理控制。

H6:成员能力素质低下与组织沟通低下成正相关。

H7:成员能力素质低下与管理控制的低下成正相关。

H8:成员能力素质低下与外部公关能力低下成正相关。

(3)组织中信息的畅通,有效的沟通才能使组织正常高效地运转。有效的沟通可以使各个部门明确自己的职能,各部门间能进行有效的合作,防止部门间相互推诿扯皮现象的出现。当组织中出现危机时,有效的沟通能提高处理危机的能力,外部和内部能保持和谐一致。

H9:组织沟通与组织公关成正相关。

H10:组织沟通与管理控制成正相关。

4.2.3 社会化媒体会促进危机扩散进而增加危机治理的难度

当危机出现时,社会化媒体的促进会使危机得到扩散,这在一定程度上增加了危机治理的难度。张涛等人的研究从其对立面可以看出在新的媒体环境下,这在一定程度上增加了企业危机管理的压力负担,例如,要与媒体保持良好的关系,第一时间向媒体发出自己的声音,正确选择媒体等[90]。但是如果能利用好媒体,通过媒体发布正面信息则会对危机的治理起到一定的辅助作用。马得勇等人认为,当政府出现危机时,充分利用媒体,提高信息的透明度和政府的回应度与提高政府的公信力和危机解决能力有显著关系[91]。

H11:社会化媒体促进的负面效应与组织公关成负相关。

危机诱发因素之间的假设关系如图4-3所示。

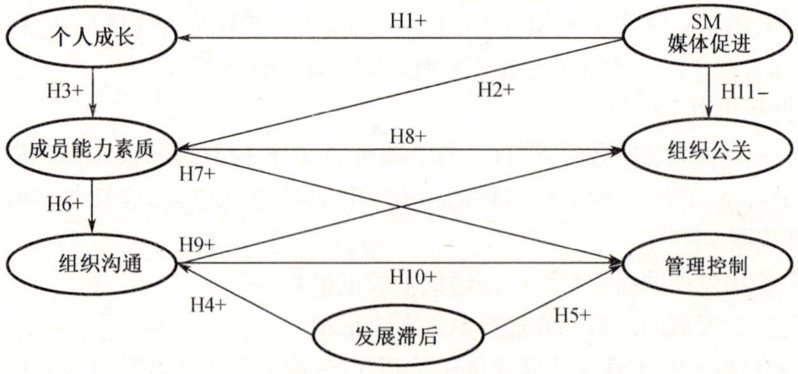

图4-3 变量关系假设图

4.3　研究对象与量表设计

4.3.1　研究样本

在研究对象的选取中，本研究选择经常关注社会事件，并且理解及接受能力强的大学生（包括本科生及研究生）、企事业单位的工作人员为调查对象。通过现场发放及网络在线发放两种方式向黑龙江、山东等地高校、企业、政府部门发放问卷460份，剔除无效问卷后，最终得到有效样本417份，问卷回收率90.6%。样本情况如表4－2所示。

表4－2　样本情况一览表

变量		频数	有效百分比
性别	女	87	20.9%
	男	330	79.1%
年龄	18～23岁	201	48.2%
	24～29岁	174	41.7%
	30岁以上	42	10.1%
文化程度	本科以下	9	2.2%
	大学本科	249	59.7%
	研究生及以上	159	38.1%

从样本的人口统计特征来看，本次抽样调查的样本结构还是比较合理的，被调查者在性别、年龄、职业、受教育程度和收入水平等方面的分布比较科学，避免了样本的单一化，从而可以使本书的研究结论更有普遍意义。

4.3.2　信度分析

信度指的是测量结果的一致性（Consistency）或稳定性（Stability），也就是研究者对于相同的、相似的现象或群体进行不同形式的或不同时间的测量，其结果的一致程度。任何测量都是有误差的，测量的观测值包括实际值与误差值两部分，信度越高表示测量值中的误差值越低，这样得到的观测值就不会因群体、现象、形式、时间等的改变而变动，故有相当的稳定性。因此，数据的信度分析可以说是数据的可靠性分析，是指一组计量项目是否在衡量同一概念,是衡量数据质量的一个重要的指标。本书利用软件SPSS 对模型中 7 个构面的内在一致性进行信度分析,分析结果如表 4 - 3 所示。

表 4 - 3　各量表信度分析结果

概念	项目数	Cronbach's α 系数值
个人成长	3	0. 646
社会化媒体促进	3	0. 691
发展滞后	4	0. 649
组织沟通	4	0. 768
组织公关	3	0. 657
管理控制	4	0. 720
成员能力素质	3	0. 792

美国的统计学家海尔(Jose F. Hair Jr.)、安德森(Jr. RolphE. Anderson)、泰森(RonaldL. Tathan)认为,当 Cronbach's 值大于 0. 7 时,表明数据可靠性较高,当 Cronbach's 值大于 0. 6 时,表明数据是可靠的[92]。从表 4 - 3 中得出的 Cronbach's 值可以看出,各研究变量的构成题项具有较高的内在一致性信度,调查数据是较为可靠的,可以以此为基础做进一步的分析和研究。

4. 3. 3　效度分析

效度是指评估的有效性,即运用量表或其他评估方法所获得的结果达到期望目标的程度。

本书采用验证性因子分析 CFA(Confirmatory Factor Analysis, CFA)来检验量表的建构效度,运用 CFA 对问卷的每个构面进行效度分析。在得出数据后对每个 CFA 模型中因素负荷系数小于 0. 45 题项剔除。

1. 个人成长的效度分析

个人成长的 CFA 分析如图 4 - 4 所示。

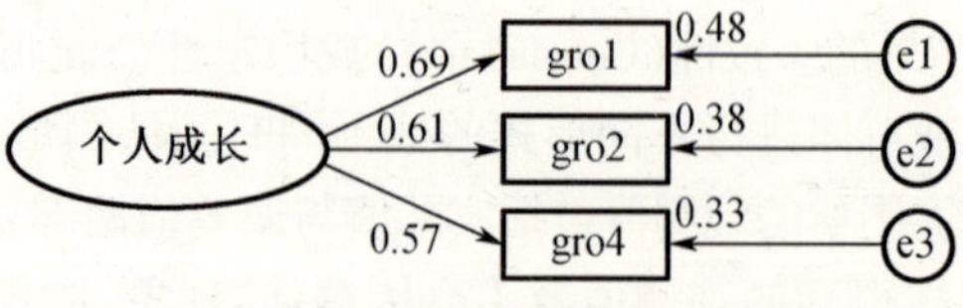

图 4 - 4　个人成长的 CFA 分析

2. 成员能力素质的效度分析

成员能力素质的CFA分析如图4－5所示。

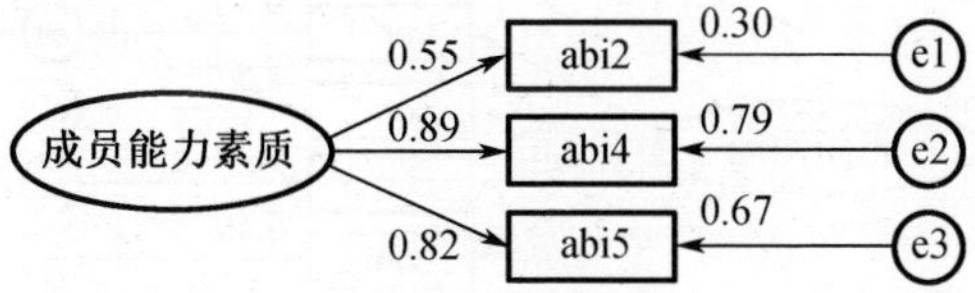

图4－5　成员能力素质的CFA分析

3. 社会化媒体促进的效度分析

媒体促进的CFA分析如图4－6所示。

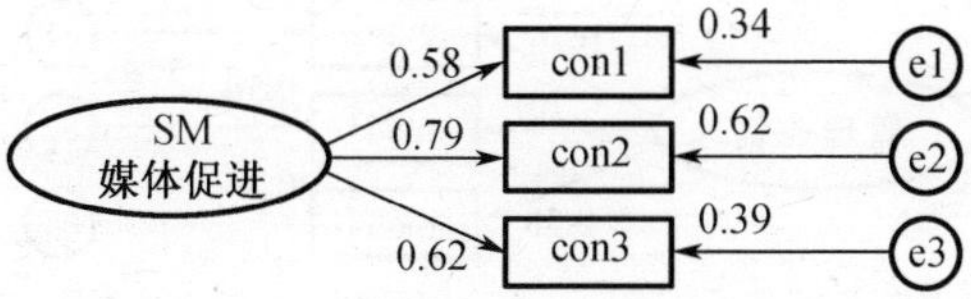

图4－6　媒体促进的CFA分析

4. 组织公关的效度分析

组织公关的CFA分析如图4－7所示。

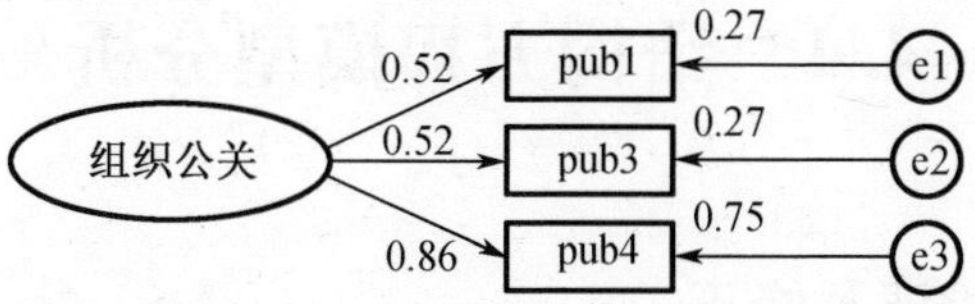

图4－7　组织公关的CFA分析

5. 发展滞后的效度分析

发展滞后的CFA分析如图4－8所示。

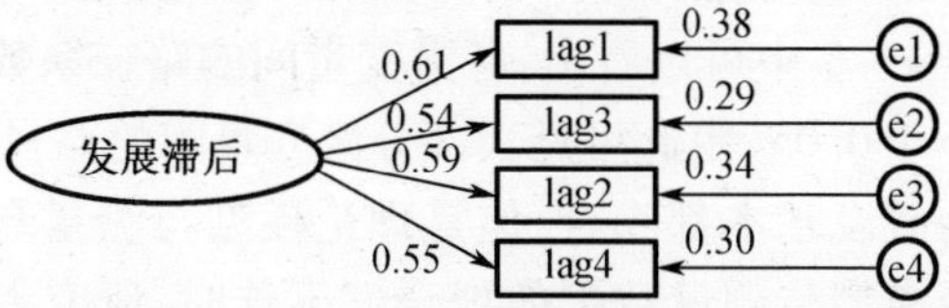

图4－8　发展滞后的CFA分析

6. 组织沟通的效度分析

组织沟通的 CFA 分析如图 4－9 所示。

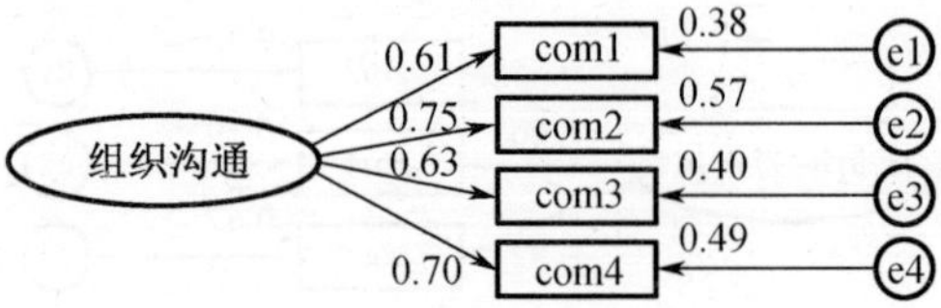

图 4－9　组织沟通的 CFA 分析

7. 管理控制的效度分析

管理控制的 CFA 分析如图 4－10 所示。

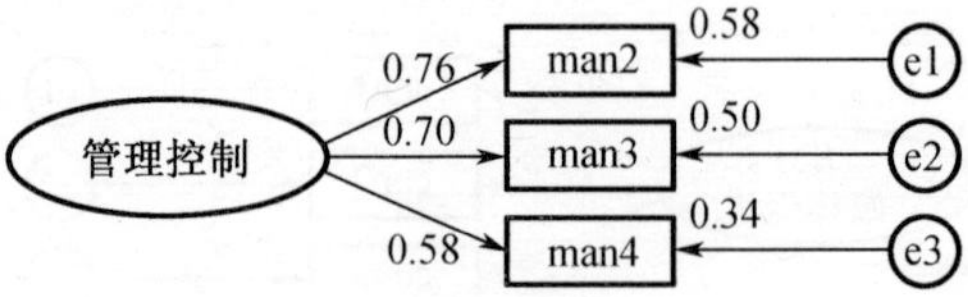

图 4－10　管理控制的 CFA 分析

调整后从图中可以看出每个观察变量对潜变量的因子负荷系数都大于 0.45。从其信度和效度的检验可以看出量表设计得比较合理。

4.4　结构方程模型分析

4.4.1　模型验证及修正

按照基本的理论假设以及图 4－2 所示的结构方程模型，在 AMOS21.0 软件中输入正式问卷调查所获取的数据，通过极大似然法（Maximum Likelihood）进行运算，路径系数估计和拟合指标分别如图 4－11 及表 4－4 所示。

从表 4－4 可以看出理论假设得出初步验证，但是模型的拟合度指标 GFI 和 AGFI 不太理想；从表 4－5 中可以看出，各潜变量间的路径系数的 P 值除了发展滞后和管理控制外均小于 0.05，由此可见大部分潜变量间的路径系数是显著的，并且各路径系数与先前的假设基本都吻合，但是理论模型与测量数据的拟合度不是很理想。当假设的理论模型与测量数据的拟合度不佳时，研究者可以对模型进行适当修正，以提高假设的适配度。修正完的模型应该是合理的、明确的、可完整解释的，但要求每一次的修正必须有相应的理论或经验基础。

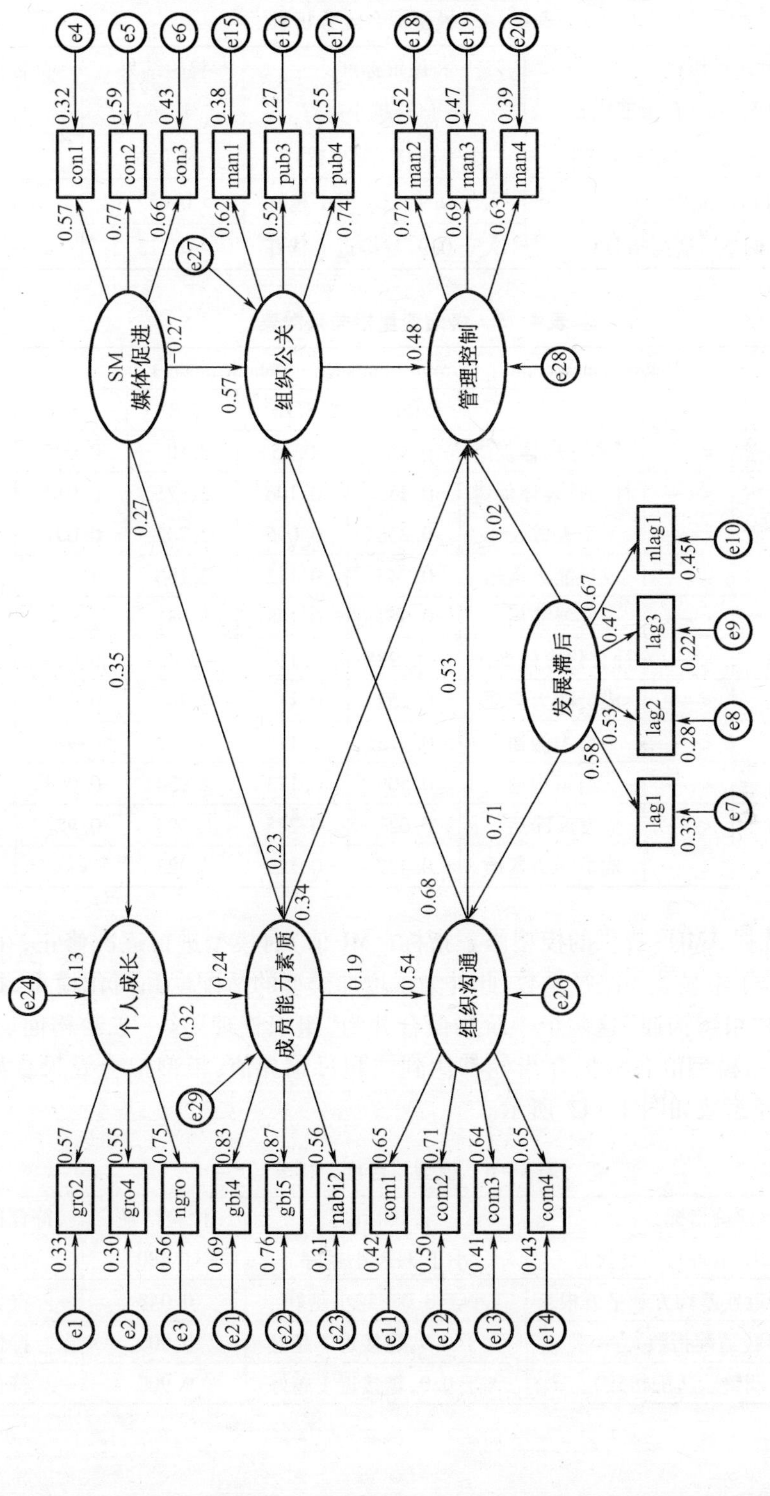

图4-11　组织危机诱发因素关系初始模型

表 4 -4　模型拟合度分析表

评价指标	评价标准	检验结果	符合程度
CMIN/DF(卡方自由度比)	小于 3,越小越好	1.560	符合
RMSEA(渐近残差均方和平方根)	小于 0.08,越小越好	0.056	符合
GFI(适配指数)	大于 0.9,越接近 1 越好	0.852	不符合
AGFI(调整后适配指数)	大于 0.9,越接近 1 越好	0.813	不符合

表 4 -5　各潜变量相关系数表

Regression Weights:(Group number 1 – Default model)							
			Estimate	S. E.	C. R.	*P*	Label
个人成长	<---	社会化媒体促进	0.421	0.15	2.801	0.005	
成员能力素质	<---	社会化媒体促进	0.252	0.106	2.371	0.018	
成员能力素质	<---	个人成长	0.258	0.096	2.702	0.007	
组织沟通	<---	成员能力素质	0.243	0.112	2.166	0.03	
组织沟通	<---	发展滞后	0.957	0.188	5.081	***	
组织公关	<---	社会化媒体促进	-0.285	0.117	-2.431	0.015	
组织公关	<---	成员能力素质	0.252	0.117	2.161	0.031	
组织公关	<---	组织沟通	0.573	0.113	5.059	***	
管理控制	<---	组织沟通	0.509	0.173	2.934	0.003	
管理控制	<---	发展滞后	0.022	0.225	0.098	0.922	
管理控制	<---	成员能力素质	0.427	0.129	3.323	***	

我们依据 AMOS 提供的模型修正指标(MI 值)对模型进行逐次修正,在修正过程中去掉了不显著的路径系数,此外为了增加模型的适配度和简化模型,把"管理控制"和"组织沟通"这两个一阶构面合并为"组织管理"这一二阶构面。重新估计计算后,模型的各项拟合指标都达到或超过临界值,模型拟合效果良好(表 4 -6),路径系数如图 4 -12 所示。

表 4 -6　模型拟合度分析表

评价指标	评价标准	检验结果	符合程度
CMIN/DF(卡方自由度比)	小于 3,越小越好	1.480	符合
RMSEA(渐近残差均方和平方根)	小于 0.08,越小越好	0.048	符合
GFI(适配指数)	大于 0.9,越接近 1 越好	0.900	符合
AGFI(调整后适配指数)	大于 0.9,越接近 1 越好	0.900	符合

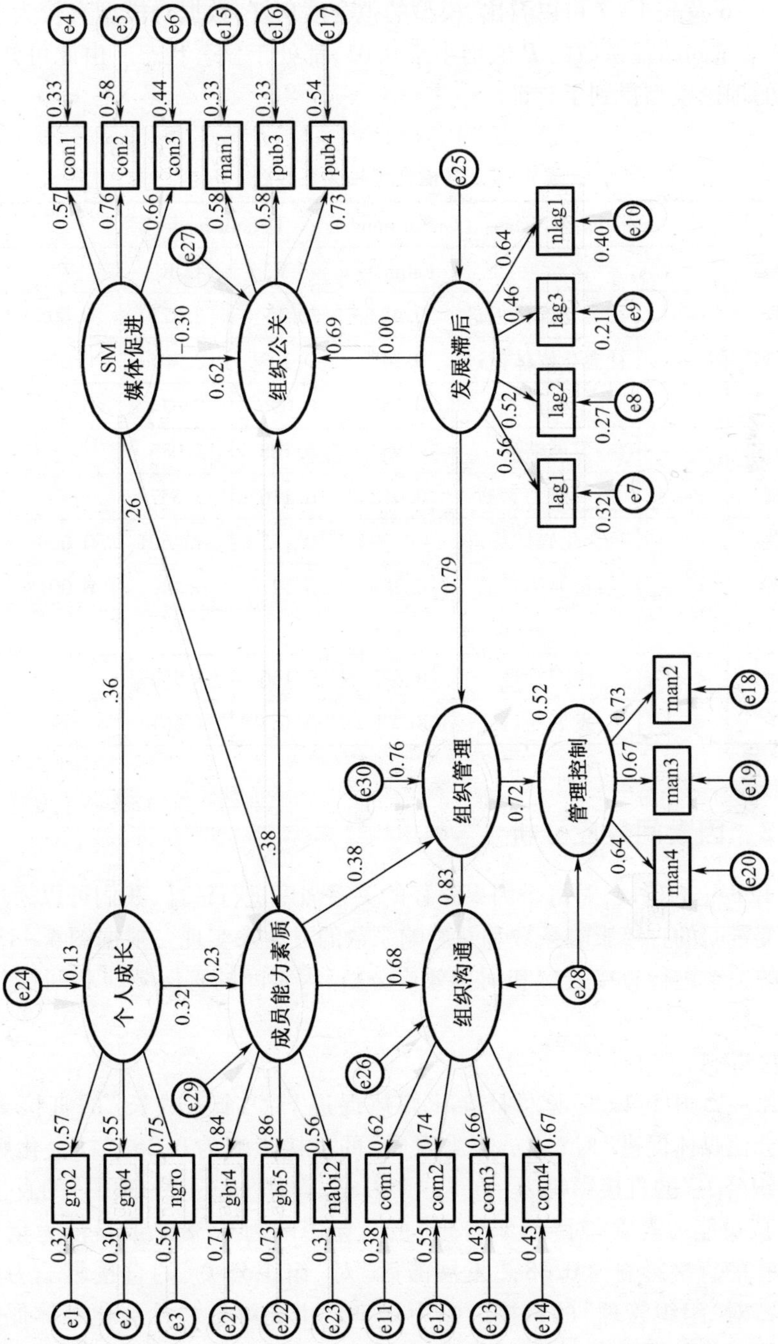

图4-12　组织危机诱发因素相关系数修正模型

由表4－6及表4－7可以看出，模型的拟合度良好，数据对模型有较为理想的匹配，各潜变量间路径系数的 P 值均小于0.05，都处于显著状态。由此可知，扎根理论提出的理论模型得到了验证。

表4－7　各潜变量相关系数表

Regression Weights：（Group number 1 – Default model）							
			Estimate	S. E.	C. R.	P	Label
个人成长	<---	社会化媒体促进	0.423	0.15	2.823	0.005	
成员能力素质	<---	社会化媒体促进	0.245	0.107	2.304	0.021	
成员能力素质	<---	个人成长	0.258	0.096	2.674	0.007	
组织管理	<---	发展滞后	0.954	0.188	5.085	***	
组织管理	<---	成员能力素质	0.412	0.116	3.557	***	
组织公关	<---	社会化媒体促进	－0.294	0.113	－2.601	0.009	
组织公关	<---	成员能力素质	0.391	0.121	3.247	0.001	
组织沟通	<---	组织管理	1				
管理控制	<---	组织管理	0.823	0.166	4.953	***	
组织公关	<---	发展滞后	0.78	0.167	4.661	***	

4.4.2　因素间效应分析

根据Bollen的建议，对每个因果路径的关系强度进行估计，我们可以通过采用检查潜在变量间的直接影响系数和总影响系数的方法来实现。根据图4－13可以对因素间的关系进行直接效应和间接效应分析，因素间的直接效应和间接效应如表4－8所示。

1. 直接影响

从图4－13中可以发现，“社会化媒体促进”对“个人成长”的直接影响为0.36，“社会化媒体促进”对“成员能力素质”的直接影响为0.26，“社会化媒体促进”对“组织公关”的直接影响为－0.3；“个人成长”对“成员能力素质”的直接影响为0.32；“成员能力素质”对“组织管理”的直接影响为0.38，“成员能力素质”对“组织公关”的直接影响为0.38；“发展滞后”对“组织公关”的直接影响为0.69，“发展滞后”对“组织管理”的直接影响为0.79。由此可见，“社会化媒体促进”和“发展滞后”对其他因素者有着较强的影响。

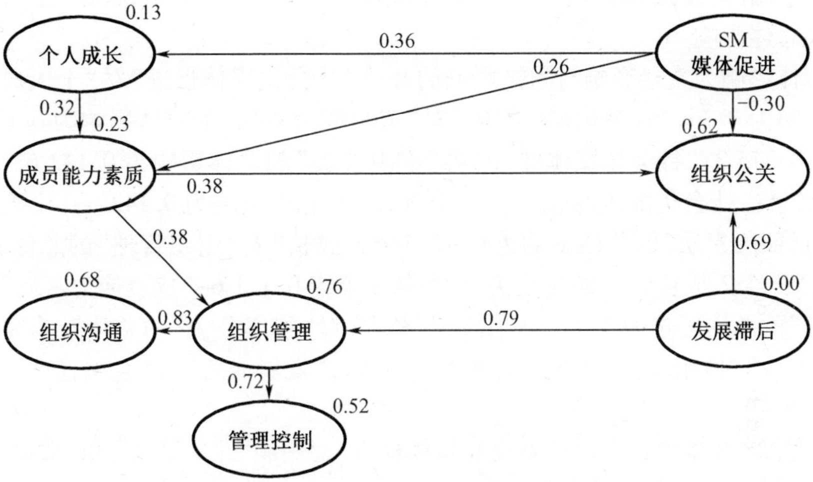

图4-13　变量间路径系数图

表4-8　变量间效应表

关系	直接影响	间接影响	总体影响
社会化媒体促进——个人成长	0.36		0.36
社会化媒体促进——成员能力素质	0.26	0.115 2	0.372 5
社会化媒体促进——组织公关	-0.3	0.142 6	-0.157 4
社会化媒体促进——组织管理		0.142 6	0.142 6
个人成长——成员能力素质	0.32		0.32
个人成长——组织公关		0.121 6	0.121 6
个人成长——组织管理		0.121 6	0.121 6
成员能力素质——组织公关	0.38		0.38
成员能力素质——组织管理	0.38		0.38
发展滞后——组织公关	0.69		0.69
发展滞后——组织管理	0.79		0.79

2. 间接影响

“社会化媒体促进”对“成员能力素质”的间接影响为0.115 2，“个人成长”对“组织公关”的间接影响为0.121 6，“个人成长”对“组织管理”的间接影响为0.121 6，“社会化媒体促进”对“组织管理”的间接影响为0.142 6，“社会化媒体促进”对“组织公关”的间接影响为 0. 142 6。

3. 总体影响

总体影响为直接影响与间接影响的和。“社会化媒体促进”对“个人成长”的总体影响为 0. 36,“社会化媒体促进”对“成员能力素质”的总体影响为 0. 115 2 + 0. 26 = 0. 375 2;“社会化媒体促进”对“组织公关”的总体影响为 0. 142 6 − 0. 3 = −0. 157 4;“社会化媒体促进”对“组织管理”的总体影响为 0. 142 6;“个人成长”对“成员能力素质”的总体影响为 0. 32;“个人成长”对“组织管理”的总体影响为 0. 121 6;“个人成长”对“组织公关”的总体影响为 0. 121 6;“成员能力素质”对“组织管理”的总体影响为 0. 38;“成员能力素质”对“组织公关”的总体影响为 0. 38;“发展滞后”对“组织公关”的总体影响为 0. 69;“发展滞后”对“组织管理”的总体影响为 0. 79。

从表 4 − 8 中可以看出,“社会化媒体促进”对组织“个人成长”和“成员能力素质”有着很大的影响,影响系数达到 0. 36,0. 372 5。“个人成长”也对“成员能力素质”也有显著影响,影响系数达到 0. 32。“成员能力素质”对“组织公关”和“组织管理”也存在显著影响,影响系数分别为 0. 38,0. 38。此外,“发展滞后”对“组织公关”和“组织管理”影响也很大,影响系数分别为 0. 69,0. 79。由此可以看出,影响危机演化的因素中“成员能力素质”起着核心的作用,“成员能力素质”又受到“社会化媒体促进”和显著影响,也就是说,在社会化媒体的促进下对组织“成员能力素质”的影响对危机演化的影响起着举足轻重的作用,这与上文中通过扎根理论得出的核心因素——“社会化媒体环境下成员的能力素质”相符合。组织“发展滞后”也是影响危机演化不容忽视的因素。

4. 4. 3 路径分析

从得出的路径图中可以看出,在“社会化媒体促进”“个人成长”“成员能力素质”“组织公关”“组织管理”“发展滞后”这 6 个潜变量中,“社会化媒体促进”“发展滞后”为外生变量,“组织管理”“组织公关”为内生变量,“成员能力素质”“个人成长”为中介变量。下面对其相互关系进行分析。

(1)“社会化媒体促进”除了对“成员能力素”“组织公关”有直接影响外,还通过“个人成长”这一中介变量对“成员能力素质”进行影响,“社会化媒体促进”也通过“成员能力素质”这一中介变量(或通过“个人成长”和“成员能力素质”这两个中介变量)对“组织管理”和“组织公关”进行影响。

(2)“个人成长”对“成员能力素质”有直接影响,并通过“成员能力素质”这一中介变量对“组织公关”和“组织管理”进行影响。

(3)“发展滞后”对“组织公关”和“组织管理”这两个内生变量产生直接影响。

第 5 章　社会化媒体环境下非对称性危机的演化博弈

5.1　演化博弈概述

1944 年，Von Neumann 和 Oskar Morgensteml 发表《博弈论与经济行为》，标志着博弈理论的初步形成[93]。之后，John Nash 提出了一种合作性的博弈，即非零和博弈，博弈中各方的收益或损失的总和并不归于零，博弈双方存在"双赢"的可能，被广泛应用于经济学中[94]。1982 年，John Maynard Smith 将博弈论在生物学上深化运用发展了演化博弈理论[95]。演化博弈是从有限理性的个体出发，以群体为研究对象，现实中个体并不是行为最优化者，个体的决策是通过个体之间模仿、学习和突变等动态过程来实现的[96]。随着演化思想被众多经济学家接受后，Smith 和 Price 给出了演化博弈理论中重要的概念：演化稳定策略（ESS）[97-98]。演化稳定策略是指如果占群体绝大多数的个体选择进化稳定策略，那么小的突变者群体就不可能侵入到这个群体。或者说，在自然选择压力下，突变者要么改变策略而选择进化稳定策略，要么退出系统而在进化过程中消失[98]。刘德海对演化稳定策略定义如下：对于非常小的正数 ε，所有的 $\sigma \neq \sigma^*$，满足群体中很小比例 ε 的突变行为 σ，采取 σ^* 策略则获得最高收益，为演化稳定策略[99]。Taylor 和 Jonker 提出了演化博弈理论另一个重要的概念，即模仿者动态[100]，这是求解演化均衡策略的一种方法，一般利用微分方程的稳定性定理来解决。设系统的状态方程为

$$x(t) = f(x) \tag{5-1}$$

令 $f(x)=0$，求实根 $x=x_0$ 为式(5-1)的平衡点，如存在某个邻域，使式(5-1)的解 $x(t)$ 从这个邻域内的某个 $x(0)$ 出发，满足 $\lim\limits_{t\to\infty} x(t)=x_0$，则 x_0 为系统稳定状态。

在此之后，演化博弈论得到迅速发展，应用范围也由最初的生物学延伸到如今的多个领域，如物理、土地资源、电机等。其中，向海涛在单网络演化博弈的基础上提出了双复杂动态网络演化博弈模型[101]；鲍海君探讨土地督察员与开发商囤地的

博弈行为及其管制策略[102]；卢强阐述了演化博弈在电力系统中的典型应用，并对演化博弈在再生发电、电网演化的应用等关键科学问题进行了展望[103]。而经济管理领域的发展最为迅速，例如樊斌等探讨了乳制品加工强势主体隐蔽违规行为的长期演化趋势[104]；许民利等建立了供应商与制造商食品质量投入的演化博弈模型[105]；武晓雯对跨国公司产品质量危机涉及主体进行了静态博弈和演化博弈研究，提出了跨国公司产品质量危机的应对策略[106]；邝启宇基于风险感知的视角通过演化博弈探讨了社交媒体对巨灾保险市场均衡的影响[107]。

5.2 社会化媒体环境下非对称性危机主体及行为分析

5.2.1 社会化媒体环境下非对称性危机主体

社会化媒体环境下非对称性危机中包含多个参与主体，在社会化媒体环境下非对称性危机演化过程中，根据主体影响程度的差异可将这些主体区分为强势主体和弱势主体。非对称性危机的初期，政府监管部门体现为利益仲裁者、矛盾协调者，但随着危机发展的深入其也有可能因处置不当等原因成为危机中的利益冲突方，本节仅从政府作为社会化媒体环境下的非对称性危机协调者角度出发开展相关研究。因此，在研究社会化媒体环境下非对称性危机的演化博弈时，主要涉及两类主体，即强势主体和弱势主体。

1. 强势主体

强势主体是危机中强势一方。非对称性危机中，强势主体的应对策略关系着能否进一步化解强势主体和弱势主体之间的矛盾，选择一个合理的应对态度和方法，将最大限度地挽回损失。在传统媒体环境下，强势主体可利用自身的社会资源与媒体合作，将危机传播效果的负面影响降到最低。然而，社会化媒体特性使得危机的信息透明化，强势主体具备的社会资源已无法阻挡社会化媒体舆论的传播与走向，受话语权非对称性特性的影响，强势主体应对策略将会在社会化媒体中引发弱势主体群体迥异的舆论，进而致使危机演化出不同的态势。

2. 弱势主体

弱势主体，即危机中弱势一方。非对称性危机中，弱势主体借助社会化媒体平台转发及扩散危机的相关信息，使得危机事件更加广为人知，引发人们的讨论。社会化媒体舆论的走向与弱势主体的态度息息相关，当弱势主体不满强势主体的危机应对态度时，弱势主体会在社会化媒体上进行抗争，社会化媒体意见领袖的加入更会使得线上抗争行为愈演愈烈，所形成的负面舆论将会导致强势主体的应对策略效果大打折扣。当弱势主体的不满情绪达到极限时，抗争行为将会转为游行、起诉等线下抗争行为，此种情况下弱势主体不惜付出较高的成本以换取强势主体承担应有补偿承诺、争取自身利益损失的补偿。

5.2.2　社会化媒体环境下非对称性危机主体的策略分析

在社会化媒体环境下非对称性危机中，强势主体可采取的策略集为{合作，强硬}。“合作”表明强势主体在危机发生后能够快速及时地表态、积极回应，希望通过协商给予一定补偿及承诺来化解与弱势主体的矛盾；“强硬”表明强势主体不重视此次危机，认为凭借现有的社会资源能够应对危机或者认为危机不会给强势主体造成伤害。

在非对称性危机中，弱势主体根据自身对事件的态度以及对强势主体的认识，会对强势主体的应对策略集进行判断，并采取相应策略。当弱势主体接受强势主体的协商，对强势主体的补偿措施感到满意时，弱势主体会选择策略“妥协”；反之，弱势主体则选择“抗争”，希望通过抗争进一步揭示危机事件的真相，争取获得相应的利益补偿。因此，在社会化媒体环境下非对称性危机中弱势主体的策略集为{妥协，抗争}。

强势主体“合作”策略下，其付出的成本为 C，当弱势主体“妥协”时，弱势主体的收益为0，强势主体由于对事件积极的处理态度，在一定程度上提高了强势主体的声誉，获得的收益为 k_1V；当弱势主体“抗争”时，弱势主体的收益为 k_2V，弱势主体的抗争通过社会化媒体被广泛传播，形成的社会化媒体舆论给强势主体的声誉以及其他社会资源等造成损失 c_1，弱势主体在社会化媒体上的抗争成本可忽略不计。

强势主体“强硬”策略下，当弱势主体“妥协”时，弱势主体的收益为0，强势主体的收益也为0；当弱势主体“抗争”时，弱势主体的收益为 k_2V，此时，由于强势主体采取“强硬”策略，弱势主体的抗争形成的社会化媒体舆论给强势主体的声誉以及其他社会资源造成的损失为 c_2，显然 $c_2 > c_1$，同样，弱势主体在社会化媒体上的抗争成本忽略不计。具体收益矩阵见表5－1。

表5－1　社会化媒体环境下非对称性危机双方收益矩阵

强势主体	弱势主体	
	妥协	抗争
合作	$k_1V-C,0$	$-C-c_1,k_2V$
强硬	$0,0$	$-c_2,k_2V$

社会化媒体环境下的非对称性危机中，因为强势主体和弱势主体利益损失及话语权的非对称性，当强势主体“强硬”时，强势主体的经济收益、声誉损失等增大，话语权的丧失更为严重，从而使得 $c_2 > C + c_1$。因此，社会化媒体环境下非对称性危机博弈模型存在纳什均衡{合作，抗争}。显然，社会化媒体环境下强势主体采取“强硬”的弊大于利，所以，本书只关注强势主体的“合作”策略下的演化博弈。

社会化媒体环境下非对称性危机应对过程中，强势主体的“合作”策略多采取“承认”或“否认”，即“主动和解”或“积极辩解”[108]。“主动和解”表明强势主体承认危机事件的真实性，并愿意承担责任，和解策略包括道歉、对弱势主体补偿等；“积极辩解”表明强势主体对危机事件的责任承担进行否认，并积极辩解以证明自身的清白。因此，强势主体的合作策略又可细分为{主动和解，积极辩解}，弱势主体的行为策略仍为{妥协，抗争}。

当强势主体选择“主动和解”时，表明强势主体愿意接受政府协调并通过与政府沟通尽量消除负面舆论；当强势主体选择“积极辩解”时，强势主体是否愿意接受政府协调取决于强势主体承担责任的信心，或者是否有信心可以瞒天过海以逃避承担责任。因此，强势主体的应对策略可进一步细化为{主动和解，积极辩解接受政府协调，积极辩解不接受政府协调}。强势主体的应对策略如图 5-1 所示。

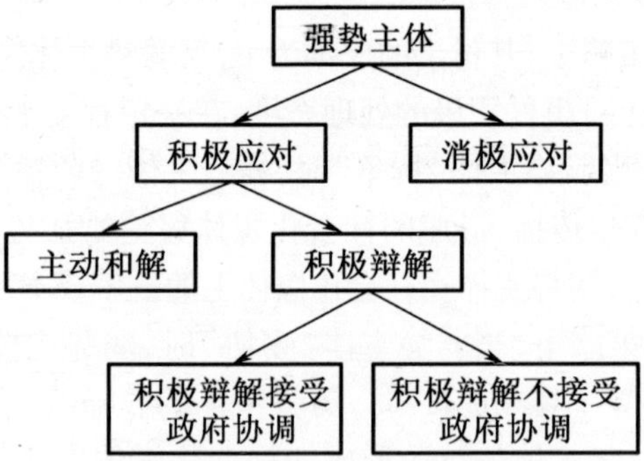

图 5-1 社会化媒体环境下非对称性危机中强势主体的应对策略

当弱势主体选择“妥协”时，表明其容易接受政府的协调；当弱势主体选择“抗争”时，其是否接受协调将取决于政府的公信力以及强势主体的态度。因此，弱势主体的应对策略可进一步细化为{妥协，抗争接受政府协调，抗争不接受政府协调}。

5.3　政府协调下的非对称性危机演化博弈分析

5.3.1　基本假设

假设1:社会化媒体环境下非对称性危机中不对等性差异表现为强势主体弱势、弱势主体强势。

假设2:政府仅作为社会化媒体环境下非对称性危机的协调者。

假设3:弱势主体及强势主体有限的理性行为。

弱势主体及强势主体作为博弈主体,不能掌握危机的全部信息,而一个人的能力是有限的,因此双方只能尽力追求在能力范围之内的有限理性,同时双方追求的是双方都满意的均衡状态,而不是最优的均衡状态。

假设4:危机的责任承担主体为强势主体。

5.3.2　演化博弈模型构建

结合社会化媒体以及政府协调对强势主体和弱势主体演化博弈影响的分析,强势主体和弱势主体的收益矩阵如表5-2所示。

表5-2　考虑政府协调下非对称性危机事件强势主体及弱势主体博弈收益矩阵

<table>
<tr><th colspan="2" rowspan="3">企业</th><th colspan="3">消费者</th></tr>
<tr><th rowspan="2">妥协 y_1</th><th colspan="2">抗争</th></tr>
<tr><th>接受政府协调 y_2</th><th>不接受政府协调 y_3</th></tr>
<tr><td colspan="2">主动和解 x_1</td><td>$V-D_1,M$</td><td>$-D_1-G_m+kV,M+G_m$</td><td>$-D_1-r_{11}V-r_{12}N,M+r_{12}N-D_2$</td></tr>
<tr><td rowspan="2">积极辩解</td><td>接受政府协调 x_2</td><td>$V-D_3,0$</td><td>$-D_3-G_m+kV,G_m$</td><td>$-D_3-r_{21}V-r_{22}N,r_{22}N-D_2$</td></tr>
<tr><td>不接受政府协调 x_3</td><td>$V-D_4,0$</td><td>$-D_4-G_p*p*r_{31}V,0$</td><td>$-D_4-G_p*p*r_{31}V-r_{32}N,r_{32}N-D_2$</td></tr>
</table>

1. 主动和解

强势主体“主动和解”时,强势主体通过道歉,给予弱势主体补偿等主动承担责任的措施,付出的成本是 D_1。

(1)弱势主体“妥协”时,强势主体得到声誉等收益为 V,弱势主体获得的补偿为 $M(M<D_1)$。此时,强势主体收益为 $V-D_1$,弱势主体收益为 M;

(2)弱势主体“抗争接受政府协调”时,强势主体对弱势主体的补偿经政府协调所需付出的额外补偿成本为 G_m，给予弱势主体的补偿为 $M+G_m$，强势主体对弱势主体的额外补偿有利于强势主体声誉的恢复，恢复的比例为 k。此时，强势主体的收益为 $-D_1-G_m+kV$，弱势主体的收益为 $M+G_m$；

(3)弱势主体"抗争不接受政府协调"时，双方对补偿金额的协商失败，弱势主体采取抗争策略，抗争成本为 D_2。由于弱势主体的抗争行为，强势主体的声誉以及其他社会资源受社会化媒体舆论的影响造成的损失为 $r_{11}V$，弱势主体通过抗争获得的事后补偿受社会化媒体舆论的影响为 $r_{12}N$（N 指弱势主体抗争后强势主体为平息事态付出的金额补偿、善后服务以及弱势主体自身获得的心理平衡等，$N\geqslant 0$，当 $N=0$ 时，表明弱势主体抗争失败）。此时，强势主体的收益为 $-D_1-r_{11}V-r_{12}N$，弱势主体的收益为 $M+r_{12}N-D_2$。

2. 积极辩解

强势主体"积极辩解接受政府协调"时，由于政府对检测部门的监督作用，危机真实信息被曝光，其所承担的危机事件责任以及恢复声誉付出的成本为 D_3。

(1)弱势主体"妥协"时，强势主体的收益为 $V-D_3$，弱势主体的收益为0；

(2)弱势主体"抗争接受政府协调"时，强势主体的收益为 $-D_3-G_m+kV$，弱势主体的收益为 G_m；

(3)弱势主体"抗争不接受政府协调"时，双方的矛盾没能得以合理协商，弱势主体通过抗争行为所付出的成本为 D_2，强势主体的声誉、社会资源等受社会化媒体舆论的影响造成的损失为 $r_{21}V$，弱势主体通过抗争所获得的补偿收益受社会化媒体舆论的影响，其获得的收益为 $r_{22}N$。此时，强势主体的收益为 $-D_3-r_{21}V-r_{22}N$，弱势主体的收益为 $M+r_{22}N-D_2$。

3. 积极辩解不接受政府协调

强势主体"积极辩解不接受政府协调"时，其还想逃避危机事件的责任承担，所付出的公关成本为 D_4。

(1)弱势主体"妥协"时，强势主体得到声誉等收益为 V，此时，强势主体的收益为 $V-D_4$，弱势主体的收益为0；

(2)弱势主体"抗争接受政府协调"时，对危机责任主体质疑的舆论会引起政府的强制干预，使得危机责任主体为强势主体被发现的概率 p 增加，其中 G_p 表示政府协调对危机事件调查的干预力度，当强势主体对危机真实信息的掩盖被发现时，其声誉、社会资源等受社会化媒体舆论影响造成的严重损失为 $G_p\cdot p\cdot r_{31}V$（$r_{3j}>r_{2j}>r_{1j}$，$G_p\geqslant 1$，$G_p\cdot p\leqslant 1$），由于政府协调失败，此时，强势主体的收益为 $-D_4-G_p\cdot p\cdot r_{31}V$，弱势主体的收益为0；

(3)弱势主体"抗争不接受政府协调"时，双方的矛盾没能得以合理协商，弱势主体通过抗争所获得的补偿收益受社会化媒体舆论的影响为 $r_{32}N$，此时，强势主体的收益为 $-D_4-G_p\cdot p\cdot r_{31}V-r_{32}N$，弱势主体的收益为 $r_{32}N-D_2$。

5.3.3　演化稳定策略分析

令强势主体选择“主动和解”策略的比例为 x_1，选择“积极辩解接受政府协调”策略的比例是 x_2，选择“积极辩解不接受政府协调”策略的比例为 x_3；同时，令弱势主体选择“妥协”策略的比例是 y_1，选择“抗争接受政府协调”策略的比例为 y_2，选择“抗争不接受政府协调”策略的比例为 y_3。

强势主体选择主动和解，积极辩解接受政府协调，积极辩解不接受政府协调的期望收益为

$$W_{x_1}=y_1(V+r_{11}V+r_{12}N)+y_2(r_{11}V+kV+r_{12}N-G_m)-(D_1+r_{11}V+r_{12}N)$$

$$W_{x_2}=y_1(V+r_{21}V+r_{22}N)+y_2(r_{21}V+kV+r_{22}N-G_m)-(D_3+r_{21}V+r_{22}N)$$

$$W_{x_3}=y_1(V+G_p\cdot p\cdot r_{31}V+r_{32}N)+y_2(r_{32}N)-(D_4+G_p\cdot p\cdot r_{31}V+r_{32}N)$$

平均收益为

$$\overline{W_1}=x_1W_{x_1}+x_2W_{x_2}+(1-x_1-x_2)W_{x_3}$$

强势主体采取主动和解、积极辩解接受政府协调的复制动态方程分别为

$$\frac{\mathrm{d}x_1}{\mathrm{d}t}=x_1(Wx_1-\overline{W_1})=x_1[(1-x_1)(W_{x_1}-W_{x_3})-x_2(W_{x_2}-W_{x_3})]$$

$$\frac{\mathrm{d}x_2}{\mathrm{d}t}=x_2(Wx_2-\overline{W_1})=x_2[(1-x_2)(W_{x_2}-W_{x_3})-x_1(W_{x_1}-W_{x_3})]$$

同理，可得弱势主体选择妥协，抗争接受政府协调，抗争不接受政府协调的期望收益为

$$W_{y_1}=x_1M$$

$$W_{y_2}=x_1(M+G_m)+x_2G_m$$

$$W_{y_3}=x_1(M+r_{12}N-r_{32}N)+x_2(r_{22}N-r_{32}N)+(r_{32}N-D_2)$$

平均收益为

$$\overline{W_2}=y_1W_{y_1}+y_2W_{y_2}+(1-y_1-y_2)W_{y_3}$$

则

$$\frac{\mathrm{d}y_1}{\mathrm{d}t}=y_1(W_{y_1}-\overline{W_2})=y_1[(1-y_1)(W_{y_1}-W_{y_3})-y_2(W_{y_2}-W_{y_3})]$$

$$\frac{\mathrm{d}y_2}{\mathrm{d}t}=y_2(W_{y_2}-\overline{W_2})=y_2[(1-y_2)(W_{y_2}-W_{y_3})-y_1(W_{y_1}-W_{y_3})]$$

依据微分方程的稳定性定理，选择该策略的概率 x 和 y 必须分别满足

$$F(x,y)=0,\ \frac{\partial F}{\partial x}<0 \quad 或 \quad H(x,y)=0,\frac{\partial H}{\partial y}<0$$

令$\frac{dx_1}{dt}=\frac{dx_2}{dt}=\frac{dy_1}{dt}=\frac{dy_2}{dt}=0$,可以求出企业和消费者演化博弈系统共有 18 个均衡点,考虑到 $r_{3j}>r_{2j}>r_{1j}$,$G_p\geqslant 1$,$G_p\cdot\rho\leqslant 1$,$D_3<D_4$,且所有参数均大于等于 0,并满足 $x_1\geqslant 0$,$x_2\geqslant 0$,$y_1\geqslant 0$,$y_2\geqslant 0$,发现以下 13 个均衡解符合要求:$E_1(1,0,1,0)$,$E_2(1,0,0,1)$,$E_3(1,0,0,0)$,$E_4(0,1,1,0)$,$E_5(0,1,0,1)$,$E_6(0,1,0,0)$,$E_7(0,0,1,0)$,$E_8(0,0,0,1)$,$E_9(0,0,0,0)$,

$$E_{10}\left(0,\frac{r_{32}N-D_2}{r_{32}N-r_{22}N+G_m},0,\frac{D_3-D_4-(G_p*p*r_{31}-r_{21})V-(r_{32}-r_{22})N}{-G_m+(k_1+r_{21})V-(r_{32}-r_{22})N}\right),$$

$$E_{11}\left(0,\frac{r_{32}N-D_2}{r_{32}N-r_{22}N},\frac{D_3-D_4-(G_p*p*r_{31}-r_{21})V-(r_{32}-r_{22})N}{-(G_p*p*r_{31}-r_{31})V-(r_{32}-r_{22})N},0\right),$$

$$E_{12}\left(0,\frac{r_{32}N-D_2}{r_{32}N-r_{12}N},0,\frac{D_1-D_4-(G_p*p*r_{31}-r_{11})V-(r_{32}-r_{12})N}{-(G_p*p*r_{31}-r_{11})V-(r_{32}-r_{12})N}\right),$$

$$E_{13}\left(0,\frac{r_{32}N-D_2}{G_m+r_{32}N-r_{12}N},0,\frac{D_1-D_4-(G_p*p*r_{31}-r_{11})V-(r_{32}-r_{12})N}{-G_m+(k_1+r_{11})V-(r_{32}-r_{12})N}\right)。$$

通过考察雅可比(Jacobi)矩阵[88]判断这些平衡点是否稳定。上述系统的雅可比矩阵见式(5-2)。

$$\boldsymbol{J}=\begin{bmatrix} \frac{dx_1/dt}{dx_1} & \frac{dx_1/dt}{dx_2} & \frac{dx_1/dt}{dy_1} & \frac{dx_1/dt}{dy_2} \\ \frac{dx_2/dt}{dx_1} & \frac{dx_2/dt}{dx_2} & \frac{dx_2/dt}{dy_1} & \frac{dx_2/dt}{dy_2} \\ \frac{dy_1/dt}{dx_1} & \frac{dy_1/dt}{dx_2} & \frac{dy_1/dt}{dy_1} & \frac{dy_1/dt}{dy_2} \\ \frac{dy_2/dt}{dx_1} & \frac{dy_2/dt}{dx_2} & \frac{dy_2/dt}{dy_1} & \frac{dy_2/dt}{dy_2} \end{bmatrix} \qquad (5-2)$$

$E_1(1,0,1,0)$的雅可比矩阵为

$$\boldsymbol{J}=\begin{bmatrix} D_1-D_4 & D_3 \\ 0 & D_1-D_3 \\ 0 & 0 \\ 0 & 0 \end{bmatrix}$$

其特征根为

$$\begin{bmatrix} D_1 - D_4 \\ D_1 - D_3 \\ r_{12}N - D_2 \\ G_m \end{bmatrix}$$

因此，存在正特征根 G_m，$E_1(1,0,1,0)$ 不是局部均衡稳定点。按照上述方法逐一对 13 个符合条件的均衡点进行分析，令

$$\begin{aligned}
&\theta_1 = G_m + D_1 - D_4 - (k + G_p \cdot p \cdot r_{31})V, \\
&\theta_2 = D_1 - D_3, \\
&\theta_3 = r_{12}N - D_2 - G_m, \\
&\theta_4 = D_1 - D_4 - (G_p \cdot p \cdot r_{31} - r_{11})V - (r_{32} - r_{12})N, \\
&\theta_5 = D_1 - D_3 - (r_{21} - r_{11})V - (r_{22} - r_{12})N, \\
&\theta_6 = D_2 - r_{12}N, \\
&\theta_7 = G_m + D_3 - D_4 - (k + G_p \cdot p \cdot r_{31})V, \\
&\theta_8 = r_{22}N - D_2 - G_m, \\
&\theta_9 = D_3 - D_4 - (G_p \cdot p \cdot r_{31} - r_{21})V - (r_3 2 - r_{22})N, \\
&\theta_{10} = D_2 - r_{22}N, \\
&\theta_{11} = D_2 - r_{32}N
\end{aligned}$$

分析结果如表 5－3 所示。

表 5－3　不可辩解型非对称性危机演化博弈稳定点分析

序号	均衡解	特征值符号	稳定性
1	$E_1(1,0,1,0)$	存在正特征根	不稳定点
2	$E_2(1,0,0,1)$	$\theta_1<0$，$\theta_2<0$ 且 $\theta_3<0$ 时，所有特征根为负	ESS
3	$E_3(1,0,0,0)$	$\theta_4<0$，$\theta_5<0$，$\theta_6<0$ 且 $\theta_3>0$ 时，所有特征根为负	ESS
4	$E_4(0,1,1,0)$	存在正特征根	不稳定点
5	$E_5(0,1,0,1)$	$\theta_2>0$，$\theta_7<0$ 且 $\theta_8<0$ 时，所有特征根为负	ESS
6	$E_6(0,1,0,0)$	$\theta_5>0$，$\theta_9<0$，$\theta_{10}<0$ 且 $\theta_8>0$ 时，所有特征根为负	ESS
7	$E_7(0,0,1,0)$	存在非负特征根	不稳定点
8	$E_8(0,0,0,1)$	存在非负特征根	不稳定点
9	$E_9(0,0,0,0)$	$\theta_4>0$，$\theta_9>0$ 且 $\theta_{11}<0$ 时，所有特征根为负	ESS
10	$E_{10}(0,e_{10},0,e'_{10})$	有非负特征根	不稳定点
11	$E_{11}(0,e_{11},e'_{11},0)$	有非负特征根	不稳定点
12	$E_{12}(e_{12},0,e'_{12},0)$	有非负特征根	不稳定点
13	$E_{13}(e_{13},0,0,e'_{13})$	有非负特征根	不稳定点

表中，$e_{10}=\dfrac{r_{32}N-D_2}{r_{32}N-r_{22}N+G_m}$；

$$e'_{10}=\frac{D_3-D_4-(G_p\cdot p\cdot r_{31}-r_{21})V-(r_{32}-r_{22})N}{-G_m+(k+r_{21})V-(r_{32}-r_{22})N};$$

$$e_{11}=\frac{r_{32}N-D_2}{r_{32}N-r_{22}N};$$

$$e'_{11}=\frac{D_3-D_4-(G_p\cdot p\cdot r_{31}-r_{21})V-(r_{32}-r_{22})N}{-(G_p\cdot p\cdot r_{31}-r_{21})V-(r_{32}-r_{22})N};$$

$$e_{12}=\frac{r_{32}N-D_2}{r_{32}N-r_{12}N};$$

$$e'_{12}=\frac{D_1-D_4-(G_p\cdot p\cdot r_{31}-r_{11})V-(r_{32}-r_{12})N}{-(G_p\cdot p\cdot r_{31}-r_{11})V-(r_{32}-r_{12})N};$$

$$e_{13}=\frac{r_{32}N-D_2}{G_m+r_{32}N-r_{12}N};$$

$$e'_{13}=\frac{D_1-D_4-(G_p\cdot p\cdot r_{31}-r_{11})V-(r_{32}-r_{12})N}{-G_m+(k+r_{11})V-(r_{32}-r_{12})N}。$$

情况1：当 $\theta_1<0,\theta_2<0$ 且 $\theta_3<0$ 时，其进化稳定解为 $E_2(1,0,0,1)$。由 $\theta_1<0$ 可知，参数条件满足 $-D_4-G_p\cdot p\cdot r_{31}V<-D_1-G_m+kV$，表明面对弱势主体“抗争接受政府协调”时，当政府对危机事件调查的干预力度加大时，强势主体选择“积极辩解不接受政府协调”所获得收益要小于强势主体“主动和解”所付出的收益。由 $\theta_2<0$ 可知，$D_1<D_3$，说明强势主体选择“主动和解”所付出的协商、补偿成本要小于强势主体“积极辩解接受政府协调”所付出的事件调查成本。由此可见，强势主体选择“主动和解”才能保证自身最大的收益。由 $\theta_3<0$ 可知，参数条件满足 $r_{12}N-D_2<G_m$，面对强势主体主动和解的态度，弱势主体通过抗争不接受政府协调的策略得到收益将小于其接受政府协调所得到的收益，说明政府对补偿金额的协调方面效果较好，弱势主体会选择抗争接受政府协调的策略。因此，双方的策略为{主动和解，抗争接受政府协调}。

情况2：当 $\theta_4<0,\theta_5<0,\theta_6<0$ 且 $\theta_3>0$ 时，其进化稳定解为 $E_3(1,0,0,0)$。由 $\theta_4<0$ 可知，$-D_4-G_p\cdot p\cdot r_{31}V-r_{32}N<-D_1-r_{11}V-r_{12}N$，表明面对弱势主体“抗争不接受政府协调”时，当政府对危机事件调查的干预力度加大时，强势主体选择“积极辩解不接受政府协调”所获得收益要小于强势主体“主动和解”所付出的收益。由 $\theta_5<0$ 可知，$D_1-D_3-(r_{21}-r_{11})V-(r_{22}-r_{12})N<0$，表明强势主体选择“主动和解”所获得的收益要大于强势主体“积极辩解接受政府协调”所获得的收益。由 $\theta_6<0$ 可知，$D_2<r_{12}N$，当强势主体选择主动和解策略时，弱势主体抗争所付出的

成本将小于弱势主体由此获得的收益，而由 $\theta_3>0$ 可知，与情况 1 相反，$r_{12}N-D_2>G_m$，面对强势主体主动和解的态度，弱势主体通过抗争不接受政府协调的策略得到收益将大于其接受政府协调所得到的收益。最终，双方的策略为{主动和解，抗争不接受政府协调}。

情况 3：当 $\theta_2>0,\theta_7<0$ 且 $\theta_8<0$ 时，其进行稳定解为 $E_5(0,1,0,1)$。由 $\theta_2>0$ 可知，与情况 1 相反，$D_1>D_3$，说明强势主体选择“主动和解”所付出协商、补偿成本要大于强势主体“积极辩解接受政府协调”所付出的危机事件调查成本。由 $\theta_7<0$ 可知，参数条件满足 $G_m+D_3-D_4-(k+G_p\cdot p\cdot r_{31})V<0$，表明政府对危机事件调查的监督力度较大时，危机真实信息被揭发的概率增加，强势主体选择“积极辩解接受政府协调”将获得更好的收益。由 $\theta_8<0$ 可知，$r_{22}N-D_2<G_m$，面对强势主体“积极辩解接受政府协调”，弱势主体选择接受政府协调获得的补偿金额 G_m 将高于其通过抗争所取得的收益，说明政府对补偿金额的协调效果较好，实现了双赢。因此，双方的策略为{积极辩解接受政府协调，抗争接受政府协调}。

情况 4：当 $\theta_5>0,\theta_9<0,\theta_{10}<0$ 且 $\theta_8>0$，其进化稳定解为 $E_6(0,1,0,0)$。由 $\theta_5>0$ 可知，同情况 2 相反，面对弱势主体的抗争策略，强势主体选择“主动和解”所获得的收益要小于强势主体“积极辩解接受政府协调”所获得的收益。由 $\theta_9<0$ 可知，$D_3-D_4-(G_p\cdot p\cdot r_{31}-r_{21})V-(r_{32}-r_{22})N<0$，政府对危机事件调查的监督力度加大，使得强势主体不再愿意冒着危机真实信息被揭发的危险，而会选择“积极辩解接受政府协调”，通过与政府的积极配合，尽可能安抚弱势主体情绪。由 $\theta_{10}<0$ 可知，$D_2<r_{22}N$，说明当强势主体选择“积极辩解接受政府协调”时，弱势主体通过抗争所获得的收益要大于其抗争成本，弱势主体有利可图会选择继续抗争。由 $\theta_8>0$ 可知，同情况 3 相反，弱势主体选择接受政府协调获得的补偿金额 G_m 将低于其通过抗争所取得的收益，说明政府协调失败，补偿金额额度未达到弱势主体期许。因此，双方的策略为{积极辩解接受政府协调，抗争不接受政府协调}。

情况 5：当 $\theta_4>0,\theta_9>0$ 且 $\theta_{11}<0$ 时，其进化稳定解为 $E_9(0,0,0,0)$。由 $\theta_4>0,\theta_9>0$ 可知，面对弱势主体“抗争不接受政府协调”时，当政府对危机事件调查的干预力度加大时，强势主体选择“积极辩解不接受政府协调”所获得收益将大于强势主体“主动和解”以及“积极辩解接受政府协调”所得到的收益，强势主体愿意冒着危机真实信息被揭发的风险而不愿意承担协调、补偿等费用，并且认为尽管有政府的协调，也难以挽回声誉。由 $\theta_{11}<0$ 可知，$D_2<r_{32}N$，此时社会化媒体舆论的走向偏向弱势主体，当弱势主体选择继续抗争时，抗争所获得的收益将大于抗争付出的成本，此时，双方的策略为{积极辩解不接受政府协调，抗争不接受政府协调}。

第6章　社会化媒体环境下非对称性危机演化仿真及机理研究

6.1　社会化媒体环境下非对称性危机演化影响因素分类

通过以上研究,我们得到了社会化媒体环境下非对称性危机演化的影响因素,即“社会化媒体促进”“个人成长”“组织成员的能力素质”“组织公关”“发展滞后”“组织管理”(包括“组织沟通”和“管理控制”)。以扎根理论得出理论模型和因素间的关系为基础进行模型的设定和模型的假定;对模型进行参数的估计和拟合,分析影响因素的相互关系,并对影响因素间的关系进行了验证,得出了影响因素间影响的程度。

6.1.1　环境因素

外生变量,即环境因素为“社会化媒体促进”和“发展滞后”。其中,“社会化媒体促进”对“个人成长”“成员能力素质”“组织公关”有着直接影响,其影响程度分别为0.36,0.26,-0.3;“社会化媒体促进”对“组织管理”没有直接影响,其是通过对“成员能力素质”对“组织管理”产生间接影响,其影响程度为0.142 6;“社会化媒体促进”对“成员能力素质”和“组织公关”通过“个人成长”和“成员能力素质”对“成员能力素质”和“组织公关”有着间接影响,其影响程度分别为0.115 2,0.142 6。所以,“社会化媒体促进”对“成员能力素质”和“组织公关”的总体影响分别为0.372 5,-0.157 4。“发展滞后”对“组织管理”和“组织公关”有着直接的影响,其影响程度分别为0.69,0.79。由此可见,“社会化媒体促进”和“发展滞后”对其他潜变量的影响都是比较显著的(表6-1)。

表6－1 外生变量影响表

关系	直接影响	间接影响	总体影响
社会化媒体促进——个人成长	0.36		0.36
社会化媒体促进——成员能力素质	0.26	0.115 2	0.372 5
社会化媒体促进——组织公关	－0.3	0.142 6	－0.157 4
社会化媒体促进——组织管理		0.142 6	0.142 6
发展滞后——组织公关	0.69		0.69
发展滞后——组织管理	0.79		0.79

6.1.2 控制因素

内生变量，即控制因素为“组织管理”和“组织公关”。内生变量“组织公关”和“组织管理”受到其他潜在变量的直接或间接影响，其中“社会化媒体促进”对二者的影响分别为－0.157 4，0.142 6；“个人成长”这二者的影响分别为0.121 6，0.121 6；“成员能力素质”对二者的影响分别为0.38，0.38；“发展滞后”对二者的影响分别为0.69，0.79。从中可以看到，受“社会化媒体促进”影响下的“成员能力素质”和“发展滞后”，其对“组织公关”和“组织管理”的影响明显高于其他潜变量对二者的影响（表6－2）。

表6－2 内生变量影响表

关系	直接影响	间接影响	总体影响
社会化媒体促进——组织公关	－0.3	0.142 6	－0.157 4
社会化媒体促进——组织管理		0.142 6	0.142 6
个人成长——组织公关		0.121 6	0.121 6
个人成长——组织管理		0.121 6	0.121 6
成员能力素质——组织公关	0.38		0.38
成员能力素质——组织管理	0.38		0.38
发展滞后——组织公关	0.69		0.69
发展滞后——组织管理	0.79		0.79

6.1.3 内部因素

中介变量,即内部因素为"个人成长"和"成员能力素质"。由表6-3可以看出,"社会化媒体促进"对"个人成长"和"成员能力素质"的影响比较显著,其分别为0.36,0.3725;"成员能力素质"进而对"组织公关"和"组织管理"也有着比较显著的影响,其影响程度分别为0.38,0.38。由此可得,"社会化媒体促进"这一外生变量通过影响"个人成长"和"成员能力素质"对"组织公关"和"组织管理"产生显著的影响。

表6-3 中介变量影响表

关系	直接影响	间接影响	总体影响
社会化媒体促进——个人成长	0.36		0.36
社会化媒体促进——成员能力素质	0.26	0.1152	0.3725
个人成长——成员能力素质	0.32		0.32
个人成长——组织公关		0.1216	0.1216
个人成长——组织管理		0.1216	0.1216
成员能力素质——组织公关	0.38		0.38
成员能力素质——组织管理	0.38		0.38

6.1.4 总结

通过上文对影响因素的分析,影响因素分为外生变量、内生变量和中介变量,相应地可以把这三种因素分为环境因素、控制因素、内部因素三类,如图6-1所示。

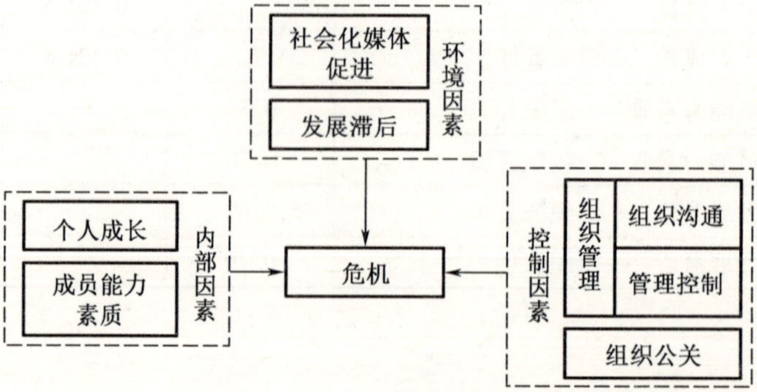

图6-1 影响因素分类图

1. 环境因素

环境因素主要是指一个组织所处的外部环境，环境因素包括两方面的因素，即“社会化媒体促进”和“发展滞后”，其与对系统造成影响的外部因素相对应。

2. 内部因素

内部因素包括“个人成长”和“成员能力素质”，“个人成长”对“成员能力素质”有正相关的影响。这两个因素间的作用，以及环境因素对这两方面因素的影响，是危机事件演化的内部影响因素。

3. 控制因素

控制因素包括“组织管理”和“组织公关”，另外“组织管理”又包括“组织沟通”和“管理控制”，这些因素对组织的内部和外部危机起着管理控制作用，其作用的强弱决定着危机演化的方向。这种因素的强弱受到内部因素和环境因素的影响。

6.2 社会化媒体环境下非对称性危机演化仿真

6.2.1 仿真模型假设

由于危机演化过程非常复杂，在建模时不能将所有因素都考虑在内，所以本书在构建社会化媒体环境下非对称性危机演化仿真模型时提出以下几个假设。

假设1：社会化媒体环境下参与非对称性危机演化的主体策略选择随时间变化，假设弱势主体和强势主体在 t 时刻选择某策略的增长数与该时刻弱势主体选择策略概率的增长值相等，强势主体的数量与弱势主体的数量成正比，但是强势主体与弱势主体数量的最大规模一定，分别设为 $N_{\max}$ 和 $M_{\max}$。

假设2：假设模型中强势主体存在三种可能的状态，即主动和解、接受政府协调和不接受政府协调；同时弱势主体也存在三种可能的状态，即妥协、接受政府协调和不接受政府协调。

假设3：初始条件下危机信息源为单传播源，初始节点可以是弱势主体或强势主体。

假设4：由于不同弱势主体的传播欲望随时间的变化程度是不同的，又因为无法考虑每个弱势主体传播欲望在单位时间内的不同变化情况，因此，在模型中假设所有弱势主体的传播欲望在单位时间内下降程度相等。

假设5：由于本书识别的影响因素大部分为潜变量，因此将潜变量通过转化、结合等方式变为显变量在模型中体现。

6.2.2 主体分类及属性描述

1. 主体分类

根据非对称性危机演化中主体之间的交互作用,本书设置了弱势主体、强势主体、政府、危机信息四类主体的属性。

弱势主体具有偏执度、传播欲望以及影响力三个属性,用于反映非对称性危机演化过程中的内部因素,弱势主体的个人能力、素质等方面的差异都会对非对称性危机演化产生影响;强势主体具有解释程度和公信力两个属性,用于反映非对称性危机演化过程中的控制因素,面对非对称性危机,强势主体会通过组织管理以及外部公关进行危机应对,进而对危机演化产生影响;为了反映环境因素的影响,设置了政府主体,具有公信力和干预力度两个属性,对强势主体与弱势主体的策略选择具有影响作用;另外,为了反应非对称性危机的演化过程,将危机信息作为危机传播的媒介体现危机的演化过程。各类主体的属性如表 6-4 所示。

表 6-4 主体属性

主体	弱势主体	强势主体	政府	危机信息
属性	①偏执度 ②传播欲望 ③影响力	①解释程度 ②公信力	①公信力 ②干预力度	①时效性 ②传播强度

2. 属性描述

(1)弱势主体的属性描述

本书采用函数的形式将网民主体的属性表示出来,即

$$N[Cb_i(t), D_i(t), I_i(t)] \tag{6-1}$$

①偏执度(Crankiness)

$Cb_i(t)$表示 t 时刻弱势主体 i 具有的偏执度,其值在连续区间[0,1]随机选取。$Cb_i(t)=0$ 表示网民完全不具备偏执度,容易接受危机伤害,选择妥协的概率很大;$Cb_i(t)=1$ 表示网民完全具备偏执度,追究责任到底,很大概率选择不接受政府协调。

②传播欲望(Spread Desire)

因为不同弱势主体的个性不同,其对危机信息传播的偏好程度也不同,并且弱势主体的传播欲望会随着时间的增长而下降。用 $D_i(t)$表示 t 时刻弱势主体 i 的传播欲望,其初试值在连续区间[0,1]随机选取,$D_i(t)=0$ 表示弱势主体对危机信息

没有传播欲望,接受信息后不会去传播,$D_i(t)=1$ 表示弱势主体传播欲望很强,接受危机信息后就会去传播。用公式 $D_i(t)=d_i-\alpha\cdot(t-t_0)$ 表示弱势主体的传播欲望随时间的变化,其中 d_i 为弱势主体传播欲望的初试值,α 是取值可以根据实际情况调整的常数。

③影响力(Influence)

$I_i(t)$ 是指 t 时刻弱势主体 i 影响力的强弱,模型中按影响力的大小将弱势主体分为小、中、大三个等级,$I_i(t)$ 取值在 $[0,0.7]$ 之间时,表示弱势主体 i 的影响力小;$I_i(t)$ 取值在 $[0.7,0.9]$ 之间时,表示弱势主体 i 的影响力中等;$I_i(t)$ 取值在 $[0.9,1]$ 之间时,表示弱势主体 i 的影响力大。不同类型的弱势主体所占的比例不同,影响力小的弱势主体所占比例最大,影响力中的其次,影响力大的最小,设所占比例分别为 $P(s)=0.8$,$P(m)=0.15$,$P(b)=0.05$。在仿真模型中主体的初始能量大小由其影响力的等级决定,并且主体的能量随时间的变化而减小,t 时刻弱势主体 i 的能量值为

$$Ne_i(t) = Ne_i(t_0) - c(t - t_0) \tag{6-2}$$

式中 $Ne_i(t_0)$——初始值;

t_0——弱势主体开始参与危机事件的时刻;

c——单位时间内能量的递减量,它是取值可以根据实际情况调整的常数。

(2)强势主体的属性描述

由于利益背景不一样,不同强势主体对危机事件会持不同的态度,并且强势主体的态度决定着危机演化的传播趋势,另一方面强势主体的态度也会受弱势主体和政府的影响。

本书定义了强势主体的属性函数,形式为

$$M[U_n(t), MI_n(t)] \tag{6-3}$$

①解释程度

$U_n(t)\in[0,1]$ 为 t 时刻强势主体 n 对危机事件的解释程度,由于解释策略以及方法等的差异,不同情况下解释程度各有不同。如果 $U_n(t)=0$ 表示强势主体 n 的解释程度非常低,弱势主体改变策略的可能性较小;如果 $U_n(t)=1$ 表示强势主体 n 的解释程度非常高,弱势主体改变策略的可能性很大。

②公信力

$MI_n(t)$ 是指 t 时刻强势主体 n 公信力的大小。$MI_n(t)\in[0,0.4]$ 时,表示强势主体 n 的公信力较小;$MI_n(t)\in[0.4,0.7]$ 时,表示强势主体 n 的公信力中等;$MI_n(t)\in[0.7,1]$ 时,表示强势主体 n 的公信力很大。假设强势主体的公信力越大,其解释程度也就越大,则 t 时刻强势主体 n 的能量值可表示为

$$Me_n(t) = Me_n(t_0) - d(t - t_0)$$

式中 $Me_n(t_0)$——初始值；

t_0——弱势主体开始参与危机事件的时刻；

d——单位时间内能量的递减量，它是取值可以根据实际情况调整的常数。

(3)政府的属性描述

针对不同的危机事件，政府的介入时间和介入力度是不同的，政府所持的态度也不同。本书定义了政府的属性函数，函数形式可表示为

$$G[G_c(t), S(t)] \tag{6-4}$$

①公信力

政府公信力是指弱势主体和强势主体对政府的信任程度，用 $G_c(t) \in [0,1]$ 表示政府 t 时刻的公信力，可以根据情况给政府设置不同的初始公信力。在危机演化过程中，政府的公信力会随着危机演化情况而不断变化。

②干预力度

用 $S(t)$ 表示政府对危机演化过程的监管和引导程度。

(4)危机信息主体的属性描述

①时效性

由于危机信息的大量性、弱势主体关注力的非持续性等使得信息价值具有非线性和时变性，用公式 $V(T) = a\dfrac{\lambda^T}{T!}\mathrm{e}^{-\lambda T}$ 表示危机信息的时效性，λ 为目标信息的时效性特征标度因子，a 为取值可以动态调整的常数。

②传播强度

用来表示危机信息在社会化媒体环境下传播速度的快慢，信息传播强度对弱势主体策略的变化有较大影响。根据奥尔波特曾提出谣言传播强度的公式

$$R = i \cdot a$$

式中 i——信息的重要性；

a——信息的模糊程度。

可将危机信息的传播强度表示为

$$CI(t) = \beta_1 \cdot I(t)a(t) + \beta_2 v(T)$$

$$T = \beta t$$

式中，β，β_1，β_2 为取值可以根据实际情况调整的常数。

具体仿真算法流程图如图 6-2 所示。

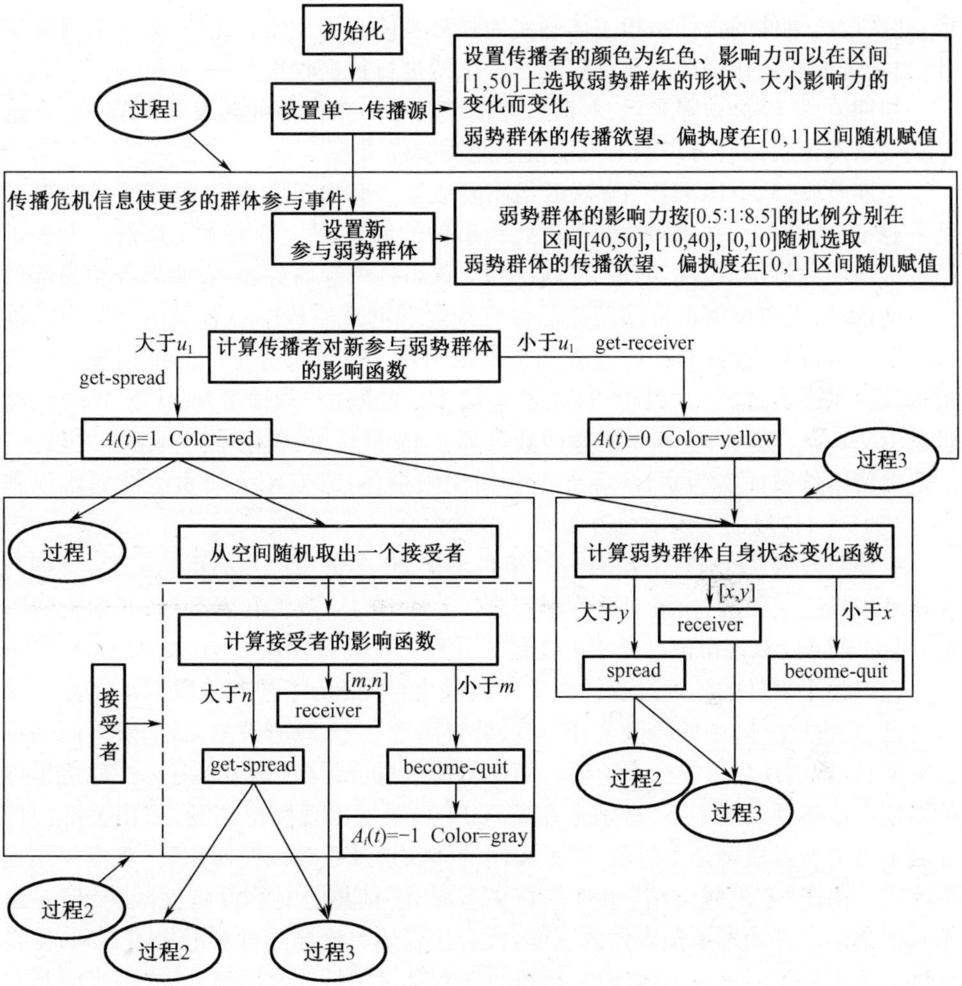

图 6－2　主体之间的交互仿真算法流程

6.2.3　案例描述

为了体现和验证非对称危机的演化机理，选取“双汇瘦肉精事件”作为非对称性危机演化的案例进行仿真分析。双汇集团属于强势主体，消费者属于弱势主体。

2011 年 3 月 15 日，央视披露河南济源制售含有瘦肉精的肉制品。当日下午，河南当地主管部门对济源双汇公司里存放的生猪进行检测，检测结果证实了央视的报道[109]。一系列多平台的报道在网上迅速引起关注，成为了网民在社会化媒体上的热点话题。由于双汇集团确实使用了含瘦肉精成分的猪肉进行火腿肠的生产,此次危机事件的责任承担主体确实为强势主体双汇集团。此外,为了更准确统计信息,选取社会化媒体的典型代表——微博进行数据收集。

初期阶段,经央视曝光后,对该事件报道的第一条微博经转发 16 032 次,评论 4 779 次,双汇集团官方声明不可能发生此类事件[110]。

中期阶段,3 月 16 日下午,双汇集团发表第一份公开道歉声明称瘦肉精事件乃济源子公司所为,并表明会配合对此次事件的调查[111]。3 月 17 日,双汇发表了第二份声明称将济源双汇的相关高管免职,该事件引起商务部、农业部等相关部门的高度重视,来自漯河市食品药品监督管理局和两个质检中心对当地养猪户的抽查结果显示没有发现问题,后经查明是试纸出错。双汇部分工厂的抽检被消费者指责仅仅是在走过场。3 月 15 日到 3 月 17 日,认证用户微博量是 90 条,所有微博量是 16916 条,而两种类型量的微博数量都在 17 日猛增,舆论推向高潮。之后,双汇瘦肉精事件被证实为真,济源双汇公司无限期停产,双汇公司重组计划难以施行。3 月 31 日,双汇集团举行万人职工道歉大会。

后期阶段,4 月 6 日,因"瘦肉精"事件下架 20 多天后的食品重新上架,管理高层亲临现场吃火腿肠,市民对此冷眼旁观。4 月 19 日,双汇发展复牌,开始无量跌停。4 月 27 日,双汇市值已缩水 172 亿元,停产 78 天后才复工。

回顾整个事件的处理过程,"双汇瘦肉精事件"经历了初期阶段双汇官方不承认自己为责任主体,中期阶段公开道歉、处置高管、引入政府检测,后期阶段商品重新上架、管理层现场试吃三个阶段。而由微博数量可看出,此次非对称性危机事件的微博舆论热度高居不下,特别是在 3 月 17 日再次出现舆论高潮,而相关部门的监测也被消费者质疑是走过场,双汇集团的多次道歉也难以挽回声誉,双汇集团损失惨重。由于"双汇瘦肉精"事件是在央视曝光,信息非对称性特性减弱,但是由于双汇集团一开始不承担责任的态度,社会化媒体舆论导向对双汇集团不利,使得双汇集团丧失了话语权主体地位,话语权非对称性特性非常明显,随之带来的是双汇集团股市的震荡,危机舆论对双汇集团和消费者利益损失的非对称性由此体现。

6.2.4 仿真结果分析

结合上述案例情景,对"双汇瘦肉精"事件中各主体属性进行参数设置:在危机演化初期,强势主体采取了拒不承认的态度,丧失了公信力,因此公信力较低;在应对危机过程中,强势主体愿意与政府进行合作并承诺了收购含"瘦肉精"猪肉,对产品进行召回等措施有利于解释程度的提高。由于是在央视"3·15"曝光,各方政府都做到了积极的响应,使得政府干预力度大大增加。在该事件中,根据社会化媒体的热议度发现,弱势主体的传播欲望很高,影响力和偏执度也较高。

根据以上分析设置参数，用 Netlogo 进行仿真，仿真界面如图 6－3 所示。

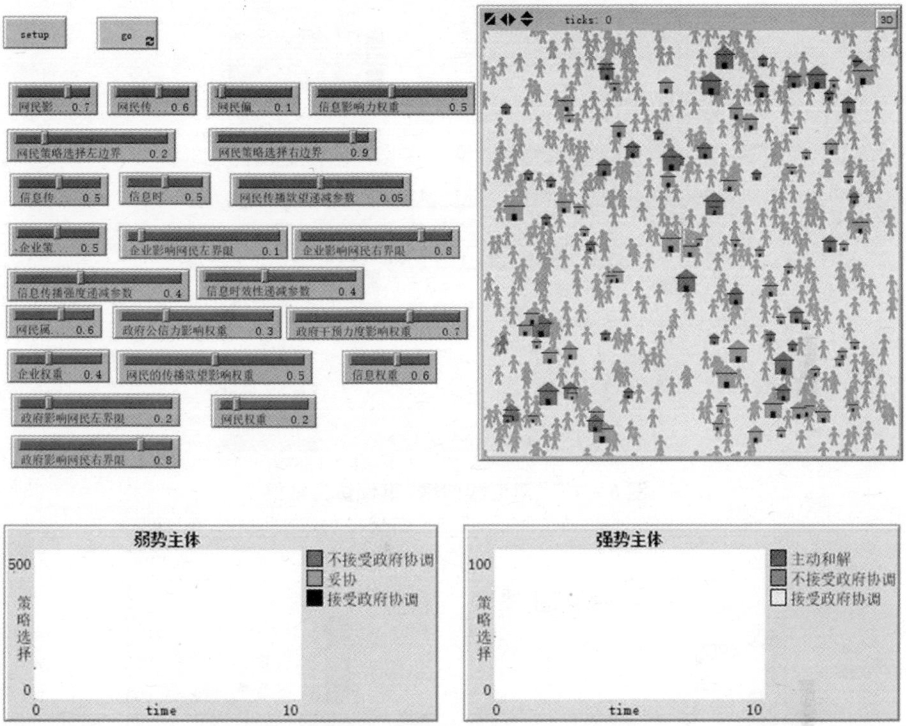

图 6－3　“双汇瘦肉精”事件 Netlogo 仿真界面

仿真结果如图 6－4 所示。由图 6－4 可以看出，虽然最终随着时间增加弱势主体选择妥协，但在初期由于弱势主体的传播欲望和影响力较高使得危机迅速爆发，加之不满强势主体的态度，偏执度也提升，最后在强势主体积极采取策略、政府的干预以及时间的影响下，事态才逐渐平息。

为了进一步考察社会化媒体环境下非对称性危机的演化机理，作出以下设定：

(1)将弱势主体属性改变进行仿真分析，当弱势主体偏执度、传播欲望、影响力均处于较高的状态时，仿真结果如图 6－5 所示。当弱势主体偏执度、传播欲望、影响力均处于较低的状态时，仿真结果如图 6－6 所示。

通过对比发现，弱势主体的个人素质和个人能力会对危机演化产生一定的影响，当弱势主体偏执度、传播欲望、影响力均处于较高状态时，危机初期很快演化到爆发状态，爆发造成的影响力较高，不易平息；而当弱势主体的偏执度、传播欲望、影响力均处于较低状态时，危机爆发的影响力明显降低，经过强势主体策略应对后也较快平息。

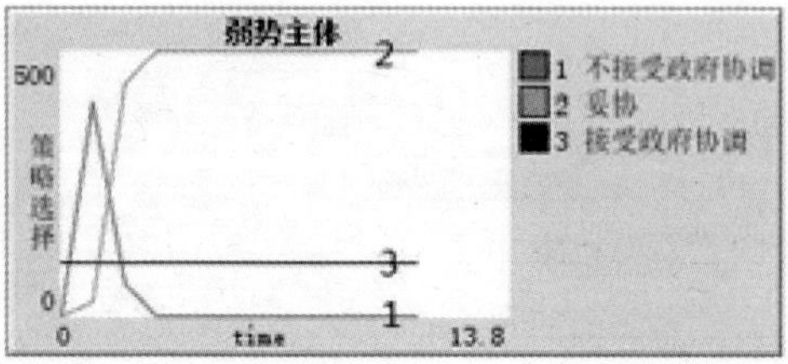

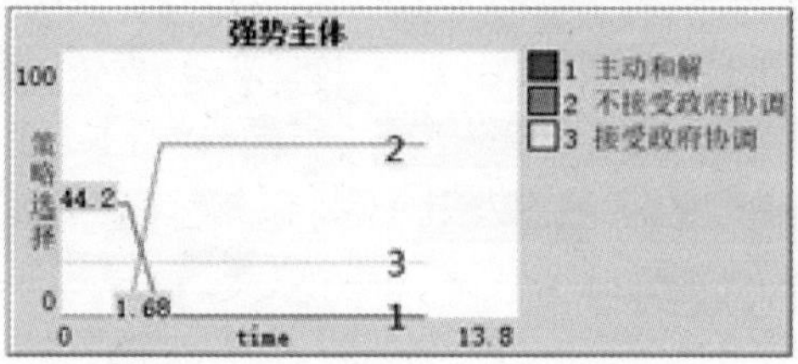

图 6－4 “双汇瘦肉精”事件仿真结果

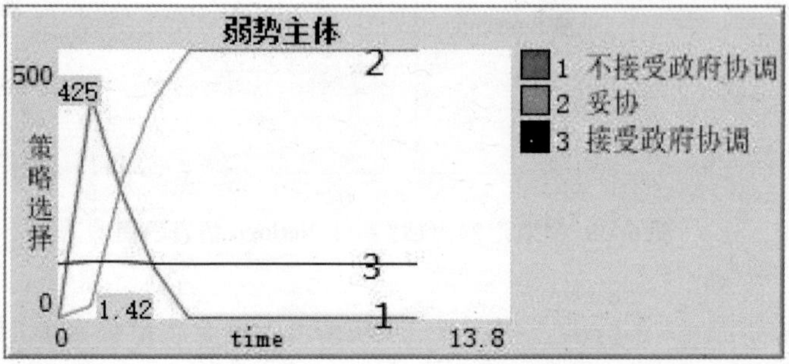

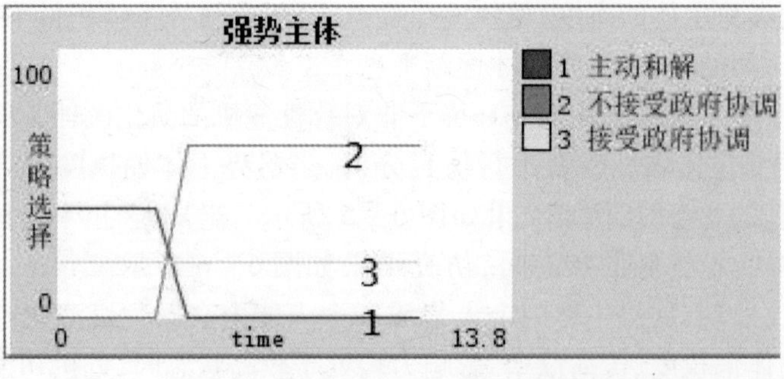

图 6－5 弱势主体属性较强时对“双汇瘦肉精”事件影响

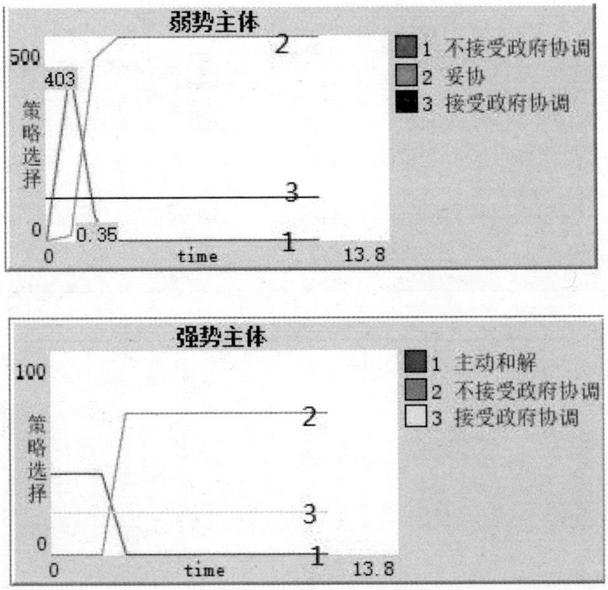

图6－6 弱势主体属性较弱时对“双汇瘦肉精”事件影响

(2)将强势主体属性改变进行仿真分析,当强势主体解释程度和公信力均处于较高的状态时,仿真结果如图6－7所示。当强势主体解释程度和公信力均处于较低的状态时,仿真结果如图6－8所示。通过对比发现,当强势主体的解释程度和公信力均处于较高状态时,使危机从产生到爆发再到平息的演化速度加快;而当强势主体的解释程度和公信力均处于较低状态时,危机的演化速度明显降低,说明强势主体的组织管理和组织公关是影响危机演化过程重要的因素。

(3)将政府主体属性改变进行仿真分析,当政府主体的公信力和干预力度均处于较高的状态时,仿真结果如图6－9所示。当政府主体的公信力和干预力度均处于较低的状态时,仿真结果如图6－10所示。通过对比发现,当政府主体的公信力和干预力度较高时,无论是强势主体还是弱势主体,其改变策略的速度都加快,危机演化的速度也随之加快;而当政府主体的公信力和干预力度均处于较低状态时,危机演化的速度明显变慢,强势主体与弱势主体的斗争状态持续时间变长,危机很久才平息。说明政府主体等的环境因素在危机演化过程中起到重要作用。

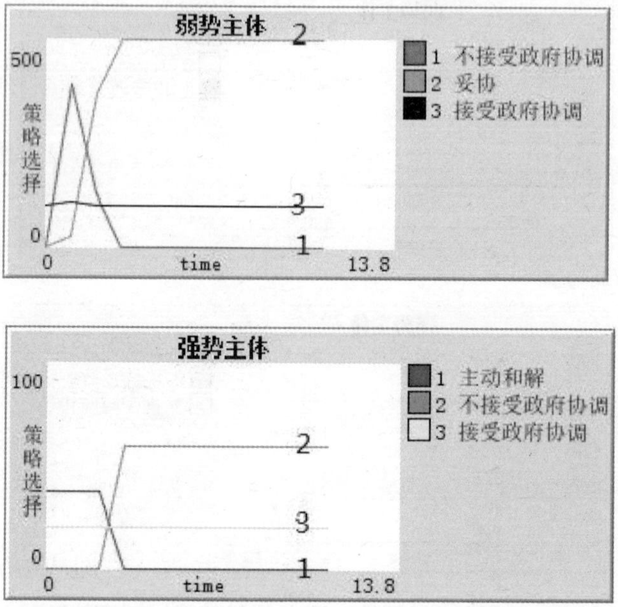

图 6－7　强势主体属性较强时对“双汇瘦肉精”事件影响

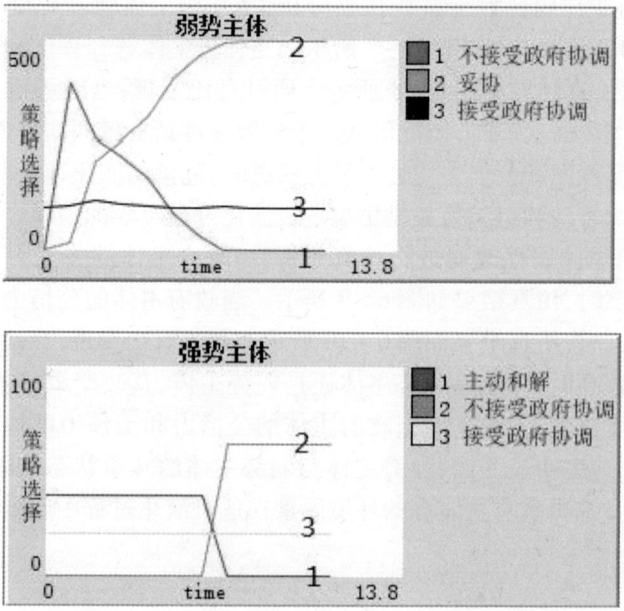

图 6－8　强势主体属性较弱时对“双汇瘦肉精”事件影响

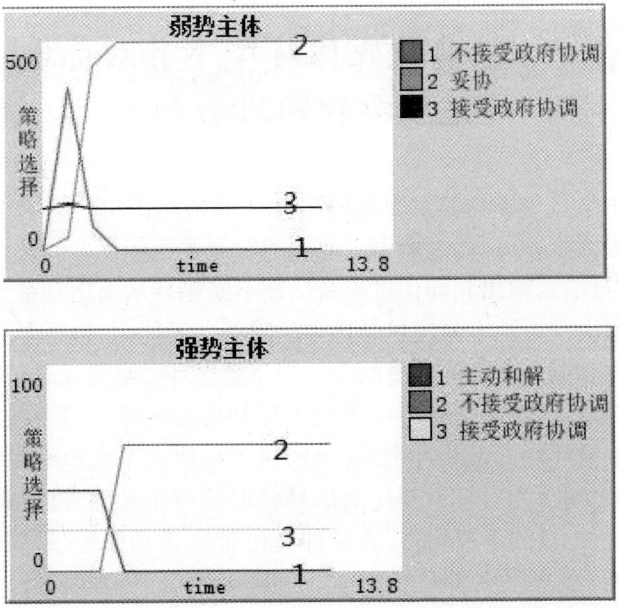

图6－9　政府主体属性较强时对“双汇瘦肉精”事件影响

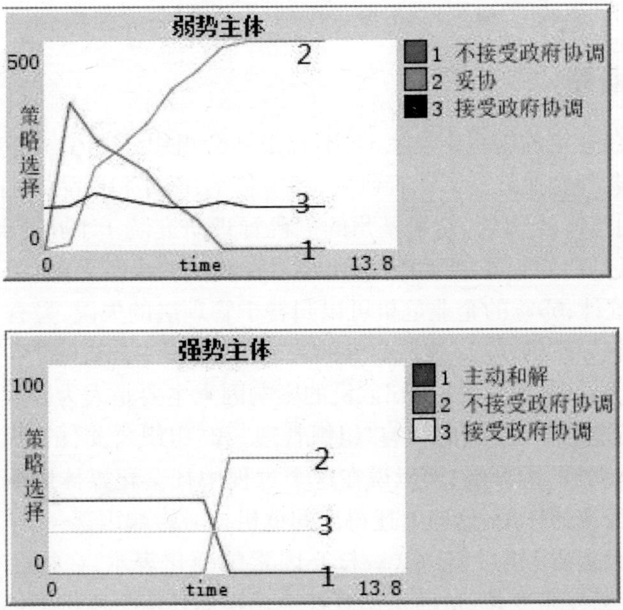

图6－10　政府主体属性较强时对“双汇瘦肉精”事件影响

6.3 社会化媒体环境下非对称性危机演化机理分析

辩证唯物主义认为事物的发展是内因和外因共同作用的结果,内因是事物发展过程中的决定因素,外因通过内因对事物的发展发生作用。同时,系统论和控制论认为,系统通过输入输出和动作过程及反馈不断循环从而达到系统的稳定状态,这种稳定状态取决于系统本身应付循环中出现偏差的能力,包括忍受偏差的能力、纠正偏差的能力和循环本身的偏差倾向。当系统循环受自身条件或外部客观环境的影响无法保持稳定时,系统就可能出现失控和变态现象。自身或环境的干扰力与维持系统正常循环的力量相冲突,进而产生了危机。系统原有属性随冲突开始而改变,但变化之初往往因显示变化的信号较弱或由于管理者认知能力的限制而被忽略,随着干扰力量的不断增强,这种冲突由量变达到质变,系统的正常循环被打破,出现"跳闸"现象[112],即危机爆发。危机爆发后,随着内部因素与外部因素的继续作用,危机主体产生了不同的行为变化,使得危机朝着不同的方向发展,最终以不同的方式平息。结合以上理论以及非对称危机演化仿真研究,本书将危机的演化过程分为"萌芽""爆发""斗争 - 控制""平息"四个阶段。

6.3.1 萌芽

危机都是在一定的组织中发生的,不管是社会组织还是小团体组织。InfoPlan对250家英国老牌企业进行了调查研究,其中怠工、敲诈和产品缺陷是危机中最常见的形式,占到总体的31%;肯塔基州的危机管理研究院于1995年发表研究报告表明,多数危机是白领犯罪、劳动纠纷和公司管理层的决策失误;美国危机管理研究院(ICM)的统计,68%的企业危机可以归咎于管理层的失误,另有23%的危机是由于员工的疏忽导致的[113]。这些研究结果表明,组织中危机的产生主要是由参与主体的行为造成的,推而广之,可知危机的影响因素主要是人为因素。各因素的影响是通过"成员能力素质"进而影响"组织管理"和"组织公关"的,而这些因素又受到"社会化媒体促进"的影响,所以说在这个过程中社会化媒体影响下的成员能力素质起着举足轻重的作用,这与上述得出的危机核心影响因素——"社会化媒体环境下成员的能力素质"相对应。这一核心因素的变化表示,在社会化媒体的影响下,参与主体行为发生变化,从而牵动着社会化媒体环境下危机事件的演化过程。

6.3.2　爆发

网络技术的进步,推动了社会化媒体的发展,社会化媒体的使用人数、应用范围得到了大大提升,渗透到了社会的各个方面,对危机参与主体产生了潜移默化的影响。社会化媒体的快速发展使得人与人之间的联系增加、言论自由度增加,舆论影响力增强。这无疑为弱势主体提供了良好的平台,借助社会化媒体平台转发及扩散危机的相关信息,使得危机更加广为人知,形成舆论影响力,弱势主体的"成员能力素质"得到提升。组织是个体成员的集合,当个体进行组织后,个体的特质——个人的能力和素质的高低决定了组织中差错、矛盾产生的多寡。这类差错和矛盾的产生的原因主要有个人特质下个体有意无意的行为偏差程度和管理者特质下组织制度、组织机构的完备程度。弱势个体行为变化集结成组织行为变化。借助社会化媒体,弱势主体不再弱势,而在危机演化过程中展现出强势形态。危机逐渐由萌芽聚集转向爆发。

6.3.3　斗争-控制

社会化媒体是一把"双刃剑",由于社会化媒体参与主体的复杂性(例如:文化水平、参与目的、社会地位等)和监管制度的不完善,使得各种危机信息(例如:观点看法、外来文化思想、书籍、影音等)通过社会化媒体的广泛传播,对强势主体造成了很大的负面影响,强势主体无法利用自身的社会资源与媒体合作,将危机传播效果的负面影响降到最低,强势主体的"组织管理"和"组织公关"不得不变化以适应社会化媒体和弱势主体的"成员能力素质"提升带来的影响。随着强势主体进行危机控制,弱势主体继续斗争,危机由爆发转向斗争控制。

6.3.4　平息

处于斗争-控制状态的危机受环境的影响不断地演化,但是由于强势主体中管理者个人特质的原因,其不能保证对处于斗争-控制状态的危机进行有效的处理(例如,不能制定完善的危机应对机制,不能对充分调动各方面的资源进行危机处理,对于外部危机不能作出合理解释,不能很好地处理与外部媒体和政府的关系等)。在处理过程中,社会化媒体对危机的成长起着重要的促进作用,这与媒体的趋利性有着重要的关系,"好事不出门,坏事传千里",媒体为了获得点击率、收视率等会对这种负面信息进行传播,这在一定程度上促进了危机的成长,增加了强势主体进行危机控制的难度。但是如果强势主体能够利用好媒体,也会起到出人意料的效果。随着强势主体对危机的治理,以及政府等协调部门的介入,危机逐渐平息。

第7章 社会化媒体环境下非对称性危机协调解决机制研究

7.1 社会化媒体环境下非对称性危机治理的“情景-权变”管理范式

7.1.1 危机中情景-权变的概念与意义

“情景”这个词语最早出现在《2000年》一书中，书中认为情景是对事物未来可能的发展趋势或结果的描述[114]。经后续学者的不断研究和完善，情景的概念也变得更加清晰明了，通过梳理文献，情景是指根据实际情况对未来可能出现的一系列具有因果关系的情况进行分析判断，并将这一系列情况整合，清晰细致地表述出来[115-117]。危机中的情景，即危机情景，则是指根据危机自身特性以及外在约束条件[118]对该危机未来发展的趋势或产生的结果进行合理的预测和猜想。在对危机情景的研究过程中，学者们逐渐意识到只有危机应对模式的灵活变通才能更有效地解决危机。因此，一种考虑与危机外部环境相适应的权变管理模式被逐渐挖掘。权变管理模式认为管理模式要根据环境的变化灵活地进行调整[119]，这种方式会使管理模式更有效地达到目标[120]。在社会化媒体环境下，危机应对者面临着更加复杂多变的外部环境，从权变的视角针对不同危机情景进行深入分析，从而制定相应的情景-权变治理模式，因而为危机应对者治理危机提供有效的参考。

7.1.2 社会化媒体环境下非对称性危机情景分析

1. 舆论影响力放大

社会化媒体环境下非对称性危机发生时，发布者可通过社会化媒体将危机信息第一时间公布出来，通过裂变式传播，有越来越多的人迅速接收到有关该危机的信息，人们接收到危机信息的时间大大减少；同时，非对称性危机传播范围的广度受到事件信息源关注度的影响，信息源受关注度高，其通过裂变式传播更易形成危机舆论[121]，且随着人们互相不断地转发和评论，社会化媒体上的信息数量呈级数上升；此外，非对称性危机事件一旦公布，社会化媒体舆论会根据危机事件性质的不同出现正向舆论和负向舆论两个方向，通过舆论之间的碰撞，围观群众会越来越多，非对称性危机舆论波及范围也会更广；最后，在非对称性危机发展过程中，由于社会化媒体的即时发布信息的功能会有更多知情人士对信息进行披露，使得危机的真相不断被挖掘，强势群体难以利用自有的社会资源阻拦庞杂的社会化媒体用户对危机真相的转发，使得非对称性危机舆论更具深度。因此，在社会化媒体环境下，非对称性危机的舆论影响力从速度、广度、深度上都得到了明显的提高。

2. 强势主体与弱势主体优势反转

强势主体在社会中享有较高的资源与声誉，而这种优势在社会化媒体环境下却无法发挥。在社会化媒体还未兴起的时候，由于强势群体拥有的社会资源较强，对危机信息可以进行最大限度的把控，而弱势群体由于社会资源匮乏加之缺乏表达情绪的平台，其行为对强势群体造成的影响非常有限。随着社会化媒体等社交媒体的普遍应用，危机呈现非对称性特性，强势群体与弱势群体强弱地位转换，危机信息传播速度加快，意见领袖的出现引导着舆论走向。由于社会化媒体手机端、WAP端、PC端等的交叉应用，社会化媒体线上舆论与线下舆论的相互影响，形成了强大的舆论力量。强势群体只能通过合理的应对策略来影响舆论的走向，若是强势群体的应对策略不当，形成的舆论力量将会使强势群体的声誉一落千丈，进而影响强势群体的一系列社会活动。因此，在社会化媒体环境下，强势群体无法发挥自身的资源优势，反而受到舆论影响损失增大。

与强势主体面临的劣势相反，弱势主体在新的环境下获得了有力的抗争优势。在如今的社会化媒体时代，弱势群体可通过社会化媒体发声，话语权与原来相比明显强化。在危机发生初期阶段，意见领袖通过社会化媒体将危机信息进行曝光，通过用户间互相转发，将危机信息推向热门事件，使得强势群体开始重视此类问题；在危机发生中期阶段，若是弱势群体对强势群体的应对策略或补偿措施不满意，弱势群体通过社会化媒体表达自身的不满，形成的舆论将对强势群体的声誉造成进一步损失。若是强势群体对此类事件仍旧不理不睬，社会化媒体线上舆论持续较长时间后，会与线下舆论相互影响并转化为线下行为，如线下游行、抗议等，形成更大的舆论力量，此时由于强势群体未能及时采取适宜的应对策略，话语权严重丧失，弱势群体由于舆论的支持，话语权主体地位更为显著。因此，社会化媒体环境下，弱势群体处于非对称性危机话语权强势地位。

3. 政府监管干预度提升

危机爆发后，政府作为第三方监管部门，除了调查事件真相外还扮演着公正的协调者身份。在社会化媒体环境下,舆论影响力被放大,危机信息被广泛传播并引发舆论热议后,若政府不能及时对危机的真实情况进行调查,给弱势群体及围观群众一个满意的协调结果,政府的办公能力以及公正性就会遭到质疑,引火上身,导致公信力丧失。而且,当舆论持续一定热度还未能平息时,容易出现线下抗争行为,影响社会的稳定。为了稳定群众,政府需要进行及时干预,在强势群体和弱势群体之间进行协调,稳定社会秩序。同时,社会化媒体上的舆论方向及热度给政府提供了可视的预测平台,来决定是否有必要协调危机中强势群体和弱势群体的关系,干预非对称性危机的发展。因此,社会化媒体环境的特性是提高政府的监管质量,从而使得社会资源分配更公平。此外,在危机发展过程中,政府还会对社会化媒体上出现的虚假信息或谣言进行及时澄清和控制,有利于减轻非对称性危机中真实信息缺乏虚假信息过剩的非对称性特性。

7.1.3 基于"情景 - 权变"社会化媒体环境下非对称性危机管理范式

根据非对称性危机的情景分析,在社会化媒体环境下,舆论影响力被放大,强势主体与弱势主体地位反转,强势主体的优势难以发挥,反而受到舆论影响损失增大。相反地,弱势主体在这种环境下话语权被强化,获得舆论支持后处于话语权强势地位。而且,社会化媒体环境特性推动了政府的干预协调程度。因此,为了适应社会化媒体环境带来的情景变化,从强势群体视角针对情景特性制定非对称性危机情景 - 权变管理范式可以为治理非对称性危机提供有效参考,及时化解强弱势群体间的矛盾,减少危机事件给社会发展带来的负面影响。

1. 舆论 - 引导管理范式

在社会化媒体环境下,舆论影响力被放大,强势主体无法利用自身资源优势对危机信息进行封锁隐瞒。并且,随着我国社会的进步和发展,人们越来越注重对资源公平分配的追求,强势主体拦截信息抢占资源的强硬行为一经披露会遭到更强烈的舆论攻击。因此,强势主体需要转变传统的信息 - 封锁强硬模式,将舆论 - 引导作为危机治理的核心管理范式。首先,培养社会化媒体官方意见领袖,在进行舆论引导过程中代表强势主体发言,保证信息的直接传达,防止信息经非正规渠道传播产生失真。其次,面对虚假信息以及谣言迅速澄清,及时掌握话语权和主动性,避免形成舆论或舆论规模扩大造成无法挽回的局面。最后,在面对社会化媒体已形成的负面舆论时,立即发布信息进行道歉、澄清等危机应对策略。舆论 - 引导管理范式的有效实施可以帮助强势主体降低舆论产生的负面影响力,减少负面舆论产生的损失,并通过官方发言对弱势主体以及群众进行及时回应,减少交流缺失造成的不必要损失。

2. 多方沟通管理范式

强势主体与弱势主体在社会化媒体环境下优势发生反转，非对称性危机发生后会造成强势主体损失放大，弱势主体享有较高的话语权。在这种情景下，为了减少强势主体的损失，重获话语权，强势主体必须鄙弃强硬原则，主动与弱势主体以及围观群众沟通，探寻危机中的核心矛盾，及时了解弱势主体与围观群众的心理需求和物质需求，与弱势主体积极协调资源分配问题。通过积极沟通的方式展现了强势主体积极负责的态度，同时配合舆论引导可以帮助强势主体重获话语权，降低损失放大的风险。同时，在政府进行干预的情况下，强势主体需积极配合政府调查工作，利用社会资源优势与政府进行及时沟通，借政府的公信力以及权威性在社会化媒体上发布信息进行危机公关，协助引导舆论的工作进程，同时控制危机应对期间出现的虚假信息以及谣言等，减轻非对称性危机中真实信息缺乏虚假信息过剩的非对称性特性，减少因此造成的资源与声誉流失。综上，在社会化媒体环境下，与弱势主体、群众以及政府的多方沟通管理范式的建立可以使强势主体减少损失，重获话语权，同时推动舆论－引导管理范式的开展。

7.2　社会化媒体环境下非对称性危机的协调解决机制构建

社会化媒体下非对称性危机中，由于社会化媒体的影响，弱势主体和强势主体地位发生变化，强势主体享有的社会资源难以发挥优势，在解决非对称性危机时更加棘手。为了改善强势主体及弱势主体之间的关系，基于强势主体视角，拓展社会化媒体环境下非对称性危机治理的“情景－权变”管理范式，从强势主体—社会化媒体—弱势主体、强势主体—政府—弱势主体以及强势主体—政府—社会化媒体—弱势主体、强势主体—弱势主体作用途径出发，构建社会化媒体环境下非对称性危机的协调解决机制，如图7－1所示。从强势主体—社会化媒体—弱势主体作用途径来看，强势主体通过建立舆情研判机制，对社会化媒体舆情进行监测，避免信息非对称性造成的不良影响，并借助社会化媒体辅助强势主体与弱势主体之间的沟通，消除沟通壁垒。从强势主体—政府—弱势主体以及强势主体—政府—社会化媒体—弱势主体作用途径来看，强势主体应与政府合作，建立沟通协调机制，政府的权威性与公信力可以帮助强势主体有效改善与弱势主体之间的关系，改善强势主体话语权弱化现状，同时通过政府对社会化媒体舆论的引导及谣言的控制，可以降低信息、社会化媒体舆论对强势主体及弱势主体话语权、利益损失的非对称性带来的不良影响，借助社会化媒体平台，与弱势主体更好地沟通。从强势主体—

弱势主体作用途径来看,强势主体作为涉事强势主体,可通过建立信誉修复机制,正确认识言论责任性的非对称性特性,做好善后补偿措施,增强弱势主体对强势主体品牌的信心,争取保留应有的市场份额。

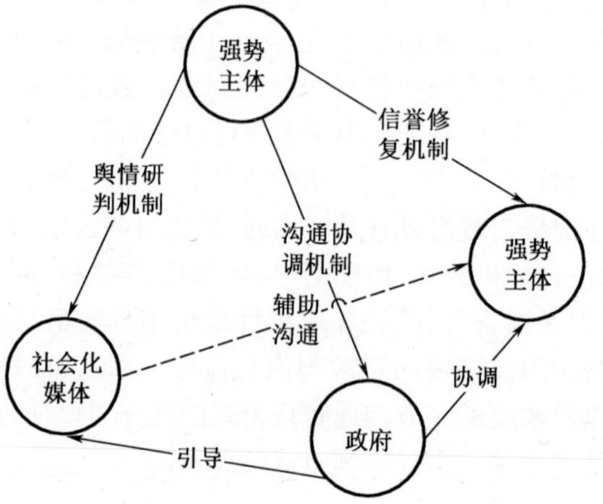

图 7－1　基于强势主体视角的非对称性危机应对机制框架

7.2.1　舆情研判机制

在强势主体—社会化媒体—弱势主体作用途径中,强势主体可以通过社会化媒体对危机舆情进行研判,消除真实信息匮乏及虚假信息过剩的非对称性问题,一旦虚假信息占据上风,强势主体在之后的应对过程中将处于被动地位,因此应建立一个完善的网络舆情研判机制。网络舆情研判机制应包括两个方面,建立高效的舆情监测分析系统和分级应对系统。

监测分析系统包括舆情收集、舆情分析以及舆情处理三个模块[122]。舆情收集通过对搜索引擎技术的优化,对强势主体相关的主题词进行查找,并根据搜索结果进行进一步的整合、调用,收集的信息资源包括微博、论坛等社会化媒体以及网络新闻等。舆情分析则是对收集到的信息进行进一步的数据挖掘,进行聚类分析、关联分析以及趋势分析,通过聚类分析可以判断有关此舆情是否由一个 IP 发布相似的舆情信息,即是否由人为操作的,俗称"水军",通过关联分析可以帮助强势主体通过对类似非对称性危机舆情的发展来判断自身危机舆情的走向。舆情处理阶段则是强势主体对收集到的舆情进行真实与虚假信息的排查。

分级应对系统是指根据检测分析系统得到舆情信息进行重要性的分级处理[123],同舆情处理阶段不同的是需要由线上处理转为线下处理,若危机信息为假,根据舆情等级进行不同程度的应对行为宣传以及社会化媒体官方声明,有效控制谣言;若危机信息为真,根据舆情等级,应加强对自身产品的监测,严重的可建立小组进行排查工作,采取主动和解策略,与弱势主体线下沟通,消除危机隐患。

在建立舆情研判机制的基础上,强势主体在一定程度上把握了社会化媒体舆情的走向,通过社会化媒体与弱势主体沟通将更有针对性,能有效把握弱势主体心理。在与弱势主体沟通时,用积极的姿态表明强势主体的态度以及对危机信息的真实性调查到底的决心,给弱势主体一个交代,并利用官网、公共社会化媒体等渠道对强势主体的社会责任理念及强势主体形象进行宣传,将强势主体的声音在危机发生第一时间传达给弱势主体,与弱势主体实现良好的双向对等的交流互动[124]。

7.2.2　沟通协调机制

通过对政府相关参数的仿真可知,政府的协调有利于缩短非对称性危机演化周期,使非对称性危机朝着较好的方向演化,也可减少负面溢出效应扩散的概率,因此,可通过强势主体—政府—弱势主体作用途径以及强势主体—政府—社会化媒体—弱势主体作用途径,与政府建立沟通协调机制,消除强势主体与弱势主体之间利益矛盾以及话语权非对称性的负面影响。

沟通协调机制是指政府对强势主体与弱势主体之间的关系进行沟通协调,弱势主体对强势主体的不满随着强势主体与弱势主体双方的沟通不当会越演越烈,最终会导致线下抗争行为的出现,这种暴力网络维权行为会严重影响强势主体应对策略的效果以及强势主体的声誉,当强势主体面对弱势主体的控诉无能为力时,政府出面会给弱势主体一定的信心。从强势主体—政府—弱势主体作用途径可知,政府的协调作用在于对危机事件真实情况的调查以及对弱势主体的利益补偿。在弱势主体眼中,政府具有较高的公信力,通过政府官方社会化媒体以及强势主体官方社会化媒体双重渠道对危机事件信息进行公布,详细的信息有利于尽快减轻弱势主体的疑惑。若是危机信息为真,强势主体的正面应对态度,可以赢得弱势主体的尊重;若是危机信息为假,也可避免谣言的泛滥。而在补偿金额方面,政府将以一个公正态度进行裁决,消除强势主体的疑虑。这样,由于政府的加入,使得强势主体与弱势主体的对话更具真实性,减少强势主体由于话语权主权地位的丧失造成的负面影响。

在强势主体—政府—社会化媒体—弱势主体作用途径中,政府的协调作用在于消除网络谣言给强势主体带来的损失,并对社会化媒体舆论进行引导和控制,在非对称性危机中,谣言的出现不仅损伤了强势主体的利益也会损失弱势主体的利益,有了政府的协调,可及时发现恶意传播谣言的人或团伙,减少由于谣言造成的利益损失;对危机信息的调查结果通过政府做到及时披露,保证信息的高度公开、高度透明,避免弱势主体对调查结果的猜疑,有效辟谣,起到了维护正确社会化媒体舆情导向的作用。

7.2.3 声誉修复机制

在社会化媒体环境下,非对称性危机一旦处理失败,重塑的难度较大,主要在于其危机信息经过社会化媒体的宣传,弱势主体的关注度高,知情人士众多,强势主体若是应对不当,会给弱势主体留下不负责任的印象。因此,在强势主体—弱势主体作用途径中,强势主体应着重修复声誉,做好善后保障措施来重塑强势主体形象。首先,应通过社会化媒体对危机信息的调查情况及责任归咎情况进行持续报道,在报道言辞上加强强势主体对此类事件发生的歉意,进行深刻检讨,使弱势主体相信强势主体的决心。其次,应完善强势主体的善后补偿措施,善后补偿包括对危机中直接受害者及其家属的经济损失补偿及心理补偿,当弱势主体确切收到补偿金额时,强势主体进行适当的宣扬有利于强势主体形象的建立;还需落实对危机造成的影响进行妥善处理的承诺,组织视察小组,对危机善后情况进行调查,避免因为执行者的懈怠,造成强势主体形象的受损。最后,调整强势主体管理团队,从上级到下级的人员调动进行公开,针对资源公平分配建立有效的检举机制,积极营造良好外部氛围,着重加强对强势主体形象的重塑宣传,提高强势主体因危机事件受损的声誉。

附录 A 扎根理论编码节点(节选)

树节点	组织危机意识淡薄		2014/12/17 11:01
	树节点	未将危机意识融入战略决策和企业文化的制定过程中	1
	树节点	忽视消费者和公众的负面反应	1
	树节点	企业为被动反应型	1
	树节点	危机意识不强	1
树节点	组织功能失效		2014/12/17 11:01
	树节点	系统资源无法及时调动	1
树节点	控制制度缺陷		2014/12/17 11:07
	树节点	实施控制不力	1
	树节点	反应迟缓	1
	树节点	公司治理和内控制度不够完善	1
	树节点	不能全面及时控制	1
树节点	组织沟通失效		2014/12/17 11:08
	树节点	沟通很重要	1
	树节点	沟通不畅	1
	树节点	无网络沟通渠道	1
	树节点	成员联系不紧密	1
树节点	部门职能不明确		2014/12/18 15:44
	树节点	权力、责任和地位不明确	2
	树节点	组织的计划和目标无法实现	1
树节点	信任危机		2014/12/18 16:06
	树节点	去公众和客户的信任	1
	树节点	忠诚度下降	1

	树节点	上级不信任下级	1
	树节点	员工忠诚度下降	1
	树节点	流言猜疑背叛	1
树节点	员工情绪		2014/12/18 16:10
	树节点	员工有精神上的失落感	1
	树节点	工作情绪低落	1
树节点	内部矛盾		2014/12/18 16:11
	树节点	冲突频繁	1
	树节点	内部冲突频繁	1
	树节点	危机多源于内部	1
	树节点	内部管理不完善	1

附录B 调查问卷

尊敬的女士/先生：

您好，首先感谢您在百忙之中抽出宝贵的时间来协助我们完成此问卷。本调查问卷仅用于探讨社会化媒体（互联网、论坛、微博等）环境下组织危机事件影响因素及机理的研究。问卷主要以个人主观感觉为主，因此您的回答无所谓对错，只要是您的真实看法，对我们都是莫大的帮助。

现在烦请您花几分钟的时间来阅读问卷信息，完成答卷。本问卷采用匿名方式，在此我们郑重承诺：您的个人隐私将会保密，决不对外公开。

祝您身体健康，工作顺意！

第一部分：个人信息

1. 性别：□男　□女

2. 年龄：□18 - 23 岁　□24 - 29 岁　□30 - 35 岁　□36 - 45 岁　□45 岁以上

3. 文化程度：□高中及以下　□大中专　□大学本科　□研究生及以上

第二部分：调查问卷（注：问卷分正反两面）

仔细阅读以下描述，在您认为符合的选项上打"√"。

描述		非常不同意				
		1	2	3	4	5
1	不良家庭、社会环境对个人的发展产生不利影响	□	□	□	□	□
2	社会、学校忽视学生三观教育	□	□	□	□	□
3	网络等对青少年成长造成不利影响	□	□	□	□	□
4	拥有心理疾病的人数增多	□	□	□	□	□
5	西方思想对民众产生不利影响	□	□	□	□	□
6	民众的集体意识减弱	□	□	□	□	□

	描述	非常不同意				
		1	2	3	4	5
7	民众的个人主义增强	□	□	□	□	□
8	如今我国文化比较混乱	□	□	□	□	□
9	面对文化冲击我会对自己的角色和身份感到困惑	□	□	□	□	□
10	我经常使用网络等媒体	□	□	□	□	□
11	出现越来越多的网络讨论组或讨论平台	□	□	□	□	□
12	能很便捷地通过网络、手机等媒体了解相关信息	□	□	□	□	□
13	在讨论组或平台中发表自己的意见	□	□	□	□	□
14	感觉网络等媒体信息传播高效便捷	□	□	□	□	□
15	网络等媒体扩大了信息传播的范围	□	□	□	□	□
16	对网络等媒体传播的信息很信任	□	□	□	□	□
17	网络等媒体使信息在传播过程中失真	□	□	□	□	□
18	组织的发展跟不上时代的变化	□	□	□	□	□
19	组织缺少应对新环境的制度体系	□	□	□	□	□
20	组织新环境下的组织结构存在问题	□	□	□	□	□
21	组织忽略组织文化的构建	□	□	□	□	□
22	组织在新环境下相对脆弱	□	□	□	□	□
23	上级传达的信息不能很顺利地传给下属	□	□	□	□	□
24	各部门之间缺乏有效的沟通	□	□	□	□	□
25	组织内信息不透明	□	□	□	□	□
26	部门间职能不够明确	□	□	□	□	□
27	组织与政府官员联系不密切、不稳定	□	□	□	□	□
28	组织发生危机时不能快速的应对	□	□	□	□	□
29	组织发生危机时不能对外做出很好的解释	□	□	□	□	□
30	组织公关人员综合能力和素质不高	□	□	□	□	□
31	组织部门设置不合理	□	□	□	□	□
32	很多组织存在着管理问题	□	□	□	□	□
33	组织领导交替期容易产生问题	□	□	□	□	□
34	缺少有效的部门协调机制	□	□	□	□	□

描述		非常不同意				
		1	2	3	4	5
35	组织内人员流失严重	□	□	□	□	□
36	忽略成员的需求和愿望	□	□	□	□	□
37	成员危机意识淡薄	□	□	□	□	□
38	成员诚信意识不强	□	□	□	□	□
39	成员缺乏战略眼光	□	□	□	□	□
40	组织中存在思想、行为偏激者	□	□	□	□	□
41	组织中存在能力素质较低者	□	□	□	□	□

再次感谢您的支持与配合！

附录 C　仿真代码(节选)

```
breed [wm netizens]
breed [qy company]
breed [zf governments]
globals
[μ d a1 a2 a3 a4 x - cbqd0 x - ssx0 u v  f m n b1 b2 b3 b4 u1 qg qj c1 c2 c3 c4  c5
x y f1 f2 f3 f4 spread - count yxl - cby]

wm - own
[spread?
  quit?
  w - yxl
  w - cbyw
  w - cysj
  w - pzd
]
qy - own
[spread?
  quit?
  q - jscd
  q - gxl
]

zf - own
[spread?
  quit?
  z - gxl
  z - gyld
```

```
]
to setup
  clear - all
  ask patches [ set pcolor 9 ]
  setup - constant
  setup - wm
  setup - qy
  setup - zf
  reset - ticks
end

to setup - constant
  set a1 网民影响力权重
  set a2 网民传播欲望权重
  set a3 网民偏执度权重
  set a4 信息影响力权重
  set m 网民策略选择左边界
  set n 网民策略选择右边界

  set d 网民传播欲望递减参数
  set b1 信息传播强度权重
  set b2 信息时效性权重
  set u1 企业策略选择界限
  set u 企业影响网民左界限
  set v 企业影响网民右界限
  set c1 信息传播强度递减参数
  set c2 信息时效性递减参数
  set f1 企业权重
  set f2 网民的传播欲望影响权重
  set f3 网民权重
  set f4 信息权重
  set c3 网民属性影响权重
  set c4 政府公信力影响权重
  set c5 政府干预力度影响权重
```

```
  set x 政府影响网民左界限
  set y 政府影响网民右界限
end

to setup - wm
  set - default - shape wm "person"
  create - wm 500 [
  set color green
  set size 1.5
  set w - yxl random 50
  set w - cbyw (random 10) / 10 +0.1
  set w - pzd (random 10) / 10 +0.1
  setxy random - xcor random - ycor
  ]
  ask one - of wm [get - spread]
end

to setup - qy
  set - default - shape qy "house"
  create - qy 100[
    set color green
    set q - jscd (random 6 +5 ) / 10
    set q - gxl ( random 6 +5 ) / 10
    setxy ( random - xcor * 0.9 )  ( random - ycor * 0.9 )
    ifelse random 100 < 40
    [set q - gxl 10 set size 1]
    [ifelse random 100 > 60
      [set q - gxl 20 set size 2]
      [set q - gxl 15 set size 1.5]
    ]
    ask one - of qy [get - spread]
  ]
end
to setup - zf
```

```
    set - default - shape zf "flag"
    create - zf 1
    [
      set color pink
      set size 3. 0
      set z - gxl random 10 / 10 +0. 1
      set z - gyld random 10 / 10 +0. 1
    ]
end

to go
    if ticks > 10 [stop]
    go - wm
    wm - yx - qy
    qy - yx - wm
    zf - yx - wm
    wm - yx - zf
    move
    tick
end

to go - wm
    ask wm with [color = red or color = yellow]
    [
      if w - cbyw > d [set w - cbyw w - cbyw - d]
    ]

    ask wm with [spread? = true]
    [
      if w - yxl >0 [set w - yxl w - yxl - 1]
    ]

    ask wm with [spread? = true]
    [if count wm with [color! = gray] >40
```

```
    [ask n - of w - yxl wm with [color! = gray]
        [
            ifelse (a1 * w - yxl + a2 * (w - cbyw - d * w - cysj) + a3 * w - pzd + a4
* (b1 * (x - cbqd0 - c1 * ticks ) + b2 * ( x - ssx0 - c2 * ticks))) > n
            [get - spread]
            [get - receiver]
        ]
    ]
  ]

  ask wm
  [    if w - yxl = 0 [become - quit]]

  ask wm with [color = red or color = yellow]
  [ifelse (a1 * w - yxl + a2 * (w - cbyw - d * w - cysj) + a3 * w - pzd + a4 * (b1 *
(x - cbqd0 - c1 * ticks ) + b2 * ( x - ssx0 - c2 * ticks)))  <  m
   [become - quit]

   [ifelse (  a2 * w - cbyw + a3 * (b1 * (x - cbqd0 - c1 * ticks ) + b2 * ( x - ssx0 -
c2 * ticks)))  <  m
      [become - quit]
      [ifelse (  a2 * w - cbyw + a3 * (b1 * (x - cbqd0 - c1 * ticks ) + b2 * ( x - ssx0
- c2 * ticks))) > n
         [get - spread]
         [get - receiver]
      ]
   ]
  ]
end


to wm - yx - qy
  ask qy with [color! = gray]
  [if ( f3 * μ * (count wm with [color = red or color = yellow] )/ 500 + f4 * (b1 * (x
```

```
 - cbqd0 - c1 * ticks ) + b2 * ( x - ssx0 - c2 * ticks))) > u1
      [if random 100 < 50 [get - spread]]
   ]
end


to qy - yx - wm
   ask qy with [spread? = true] [
      if q - gxl > 0 [set q - gxl q - gxl - 1]
      if q - gxl = 0 [become - quit]
      set qg q - gxl
      set qj q - jscd
   ]
   ask qy with [spread?     = true]
   [ifelse count wm with [color! = gray] > 30
      [ask n - of q - gxl wm with [color! = gray]
         [ifelse ( f1 * qg * qj + f2    * w - cbyw ) < u
            [become - quit]
            [ifelse ( b1 * qg * qj + b2 * w - cbyw ) > v
               [get - spread]
               [get - receiver]
            ]
         ]
      ]
      [become - quit]
   ]
end
to wm - yx - zf
   ask zf
[
    if (c3 * μ * (count wm with [color = red or color = yellow]) / 500) + c4 * z - gxl
    > x
[get - spread]
```

```
  ]
end
to zf - yx - wm
  ask zf with [ spread? = true ]
  [
    ifelse count wm with [ color = red or color = yellow ] > 60
    [ ask n - of 60 wm with [ color! = gray ]
      [ ifelse( a2 * w - cbyw + c4 * ( 1 - z - gxl) + c5 * ( 1 - z - gyld ) )  <  x
        [ become - quit ]
        [ ifelse ( a2 * w - cbyw + c4 * ( 1 - z - gxl) + c5 * ( 1 - z - gyld ) ) > y
          [ get - spread ]
          [ get - receiver ]
          ]
        ]
  ]
    [ become - quit ]
  ]

end

to become - quit
  set spread? false
  set spread - count 0
  set quit? true
  set color gray
end

to get - spread
  set spread? true
  set quit? false
  set color red
end

to get - receiver
```

```
  set spread? false
  set quit? false
  set color yellow
end


to move
  ask wm
  [ rt random 360
    lt random 360
    fd 1 ]
  ask qy
  [ rt random 360
    lt random 360
    fd 1 ]
end
```

参 考 文 献

[1] NGAIA E W T,TAOA S S C,MOONB K K L. Social media research: Theories, constructs, and conceptual frameworks[J]. International Journal of Information Management,2015,35(1):33-44.

[2] 康伟,陈茜,陈波. 基于SNA的政府与非政府组织在公关危机应对中的合作网络研究——以"4·20"雅安地震为例[J]. 中国软科学,2014(5):141-150.

[3] 姜金贵,沈丹薇. 社会化媒体环境下危机事件非对称性现象分析[J]. 情报杂志, 2014,33(11):25-28.

[4] 姜景,李丁,刘怡君. 基于微博舆论生态的突发事件管理策略研究[J]. 管理评论,2015,27(4):48-56.

[5] POHL D, BOUCHACHIA A, HELLWAGNER H. Social media for crisis management: clustering approaches for sub-event detection[J]. Multimedia Tools and Applications,2015,74(11):3901-3932.

[6] KREINER K. Crisis management knowledge from social media[M]. ACM International Conference,2013.

[7] JIN Y,LIU B F,AUSTIN L L. Examining the role of social media in effective crisis management: The effects of crisis origin, information form, and source on publics' crisis responses[J]. Communication Research,2014,41(1):74-94.

[8] JIANG C, LIANG K, CHEN H, et al. Analyzing market performance via social media: a case study of a banking industry crisis[J]. Science China Information Sciences,2014,57(5):1-18.

[9] WILENSKY H. Disaster symbolism and social media[C]. CHI'12 Extended Abstracts on Human Factors in Computing Systems. ACM,2012:801-810.

[10] HUI C,TYSHCHUK Y,WALLACE W A,et al. Information cascades in social media in response to a crisis: a preliminary model and a case study[C]. International Conference Companion on World Wide Web. ACM,2012:653-656.

[11] GUPTA A,Joshi A,Kumaraguru P. Identifying and characterizing user communities on

Twitter during crisis events[J]. Proceedings of the Workshop on Data Driven User Behavioral Modelling & Mining from Social Media,2012,286(4):23 -26.

[12] LI L,YANG S,KAVANAUGH A,et al. Twitter use during an emergency event: the case of the UT Austin shooting [C]. Proceedings of the 12th Annual International Digital Government Research Conference. ACM,2011:335 -336.

[13] HILTZ S R,DIAZ P,MARK G. Introduction: Social media and collaborative systems for crisis management [J]. ACM Transactions on Computer-Human Interaction,2011,18(4):413 -426.

[14] DUGDALE J,BARTEL V D W,KOEPPINGHOFF C. Social media and SMS in the haiti earthquake [C]. Proceedings of the 21st international conference companion on World Wide Web. ACM,2012:713 -714.

[15] BIRREGAH B,TOP T,PEREZ C,et al. Multi - layer crisis mapping: A social media-based approach [C]. IEEE, International Workshop on Enabling Technologies: Infrastructure for Collaborative Enterprises. IEEE Computer Society,2012:379 -384.

[16] MELUCCI A. Collective behavior in the information age[M]. Washington D. C: Carnegie Endowment,2007.

[17] GOULD R V. Collective action and network structure[J]. American Sociological Review,1993,58(2):182 -196.

[18] COLLINS R. Weberian sociological theory [M]. Cambridge University Press,1986.

[19] DAHRENDORF R. Trust and Civil Society [M]. London: Palgrave Macmillan,2003.

[20] TURNER B A. The organizational and interorganizational development of disasters [J]. Administrative Science Quarterly,1976,21(3):1 -59.

[21] SHALUF I M, Ahmadun F, Mustapha S. Technological disaster's criteria and models[J]. Disaster Prevention and Management,2003,12(4):305 -311.

[22] SHRIVASTAVA P, MITROFF I I, et al. Understanding industrlal crisis [J]. Journal of Management Studies,1988,25(4):285 -303.

[23] BURKHOLDER B T, TOOLE M J. Evolution of complex disasters [J]. The Lancet,1995,346(8981):1012 -1015.

[24] TOFT B, REYNOLDS S. Learning from disasters [M]. Oxford: Butterworth-Heinemann Oxford,1994.

[25] ROSS E A. The laws of imitation, Gabriel Tarde[J]. Journal of Political Economy,1904,13(1): 117 -118.

[26] 沃纳·赛佛林. 传播理论:起源、方法与应用[M]. 5版. 北京:中国传媒大学出版社,2006.

[27] BILGICER T, JEDIDI K, LEHMANN D R, et al. Social contagion and customer adoption of new sales channels[J]. Journal of Retailing,2015,91(2):254 -271.

[28] GUSTAVE LB. 乌合之众:大众心理研究[M]. 北京:中央编译出版社,2004.

[29] COLEMAN J S. 社会理论的基础[M]. 北京:社会科学文献出版社,1990.

[30] 余欢欢. 危机事件中的自媒体及其传播对策[J]. 青年记者,2008(24):71 -72.

[31] 郑慧君. 危机事件中手机媒体传播现象研究[D]. 长沙:湖南大学,2010.

[32] 张琪. 媒体对危机事件的舆论引导[J]. 新闻世界,2013(2):37 -38.

[33] 沈正赋,顾娅. 危机事件报道中的媒体功能——以5·12汶川大地震报道为例[J]. 东南传播,2008(8):29 -31.

[34] 李浩崴. 危机事件中的大众传媒[D]. 南京:南京师范大学,2007.

[35] 过肖芸. 社会危机事件中媒体特殊作用的探究[J]. 视听纵横,2013(1):49 -50.

[36] 慕良梓. 危机事件中新闻媒体的传播作用研究[J]. 新闻传播,2014(5):120.

[37] 张杰. 危机事件中新闻媒体的传播作用研究[D]. 成都:四川大学,2005.

[38] 赵帅. 媒体在危机事件中的角色定位[J]. 宁波教育学院学报,2012,14(5):113 -115,122.

[39] 张志海. 突发事件与媒体关系[J]. 党政论坛,2009(7):11 -13.

[40] 张玉茹. 突发危机事件与危机干预[J]. 嘉兴学院学报,2004,16(4):124 -126.

[41] 佘廉,吴国斌. 突发事件演化与应急决策研究[J]. 交通企业管理,2005(12):4 -5.

[42] 罗成琳,李向阳. 突发性群体事件及其演化机理分析[J]. 中国软科学,2009(6):163 -171,177.

[43] 江燕燕. 大学生群体突发事件的形成机理及预警机制研究[D]. 南昌:南昌航空大学,2012.

[44] 郭浩. 网络群体性事件的演化机理及政府应对[D]. 西安:西北大学,2013.

[45] 陈安,迟菲. 突发事件的起源、机理、特征与应急管理原则[J]. 科技促进发展,2010(7):36 -38.

[46] 李一平. 突发性群体事件的成因及防范[J]. 中州学刊,2002(5):170 -174.

[47] 石玉昌,陈冬,陈周宁. 新时期城市突发性群体事件探究[J]. 网络财富,2009(8):32 -34.

[48] 庄勇,杨文波,闫翅鲲. 欠发达地区农村突发性群体事件成因及对策分析[J].

贵州大学学报(社会科学版),2005(3):58-63.
[49] 柴海瑞.新时期突发性群体冲突的特征探讨[J].中共郑州市委党校学报,2005(3):50-51.
[50] 段永杰,郜鑫鑫.新媒体环境下群体事件的舆论引导[J].新闻世界,2013(7):174-175.
[51] 刘旭东.直接利益冲突型群体性事件研究[D].曲阜:曲阜师范大学,2010.
[52] 吴秀荣.试论突发群体性事件的原因及治理方略[J].陕西行政学院学报,2009(3):58-63.
[53] 许晶,刘山云,佘廉.基于ISM方法的群体性事件诱发因素研究[J].情报杂志,2012,31(2):1-5.
[54] 汤志伟,陈萌. 基于结构方程模型的网络群体性事件诱发因素的实证研究[J]. 中共四川省委省级机关党校学报,2012(2):79-83.
[55] 曾婧婧.契约论视角下转型期我国农村群体性突发事件的原因与防范[J].重庆工商大学学报(社会科学版),2010,27(2):49-54.
[56] 张秋菊,朱帮助.基于熵权灰色关联分析的群体性突发事件预警模型[J].数学的实践与认识,2011,41(24):25-32.
[57] 姬浩,苏兵,吕美.基于FP-growth算法的高校群体性突发事件关联规则分析[J].中国安全科学学报,2012,22(12):144-151.
[58] 方付建,任一奇.企业舆情危机事件:诱因、态势与应对[J].情报杂志,2012,31(3):25-28.
[59] MARCHESANI. The fundamentals of crisis management[M]. Page Publishing, Inc.,2013.
[60] 戴世杰.以系统思考分析危机管理——以印度帕波毒气外泄事件为例[D].高雄:国立中山大学,2006.
[61] 潘光.当代中国危机研究[M].北京:中国社会科学出版社,1989.
[62] 沃纳·赛佛林,坦卡德.传播理论:起源、方法与应用[M].北京:华夏出版社,2000.
[63] 施怿.微博在危机事件中的传播特点和效果研究——以新浪微博为例[D].武汉:华中科技大学,2011.
[64] 丁海猛,侯雪.网络时代企业危机公关面临的两大挑战及原因分析[J].新闻界,2009(1):62-64.
[65] 柯敏.重大突发事件中微博领袖的形成机制[D].重庆:西南大学,2013.
[66] 江素珍.微博传播中话语类型与话语权关系之研究——以新浪微博为例

[D]. 福州:福建师范大学,2013.
[67] 曹劲松. 网络舆情的发展规律[J]. 新闻与写作,2010(5):45 -47.
[68] SHAH S K, CORLEY K G. Building better theory by bridging the quantitative-qualitative divide[J]. Journal of Management Studies,2006,43(8):1821 -1835.
[69] GLASER B G, STRAUSS A L. The discovery of grounded theory: strategies for qualitative research[M]. New York: Aldine Publishing Company,1967.
[70] STRAUSS A, CORBIN J. Basics of qualitative research: techniques and procedures for developing[M]. London: Sage,1990.
[71] CHARMAZ K. The power and potential of grounded theory [J]. Medical Sociology Online,2012,6(3),2 -15.
[72] 芦慧,陈红. 基于扎根理论的工作群体断层——群体绩效关系概念模型的本土化研究[J]. 管理工程学报,2013,27(3):45 -52.
[73] 李志刚,李兴旺. 蒙牛公司快速成长模式及其影响因素研究——扎根理论研究方法的运用[J]. 管理科学,2006,19(3):2 -7.
[74] 王丽平,钱周春,梁晓琴. 基于扎根理论的科技型中小企业成长衍生扩散内生动力研究[J]. 科技进步与对策,2013,30(5):95 -100.
[75] 杜晓军,刘赫. 基于扎根理论的中国企业海外并购关键风险的识别研究[J]. 经济与金融,2012,24(4):18 -26.
[76] 韩炜. 基于扎根理论的企业战略定位探讨[J]. 现代财经 - 天津财经大学学报,2008,28(10):38 -42.
[77] 黄静. 消费者视角下企业家前台化行为动机的扎根研究[J]. 中国软科学,2013(4):99 -107.
[78] 余德. 深度解读携程"泄密门"[EB/OL]. http://yude. baijia. baidu. com/article/8621
[79] 百度百科. 尼康黑斑门 [EB/OL]. http://baike. so. com/doc/7661864 -7935959. html
[80] 好搜百科. 湖北石首群体性事件[EB/OL]. http://baike. haosou. com/doc/7361317 -7628446. html.
[81] 贾新明,刘亮. 结构方程模型与联立方程模型的比较[J]. 数理统计与管理,2008,27(3):439 -446.
[82] 贾新明. 结构方程模型评价体系的可比性问题[J]. 数理统计与管理,2011,30(2):246 -253.
[83] 黄德森,杨朝峰. 基于结构方程模型的动漫产业影响因素分析[J]. 中国软科

学,2011(5):148 - 153.

[84] 王俊华,葛茂林,郭素珍,等.大众传媒价值取向对青少年的影响研究[J].河北师范大学学报(哲学社会科学版),2007,30(3):130 - 137.

[85] 雷菁. 网络对青少年的影响及对策研究[D]. 长沙:湖南师范大学,2006.

[86] 侯桂鸿. 微博对青少年的影响和教育对策分析[D]. 上海:复旦大学,2012.

[87] 冯新新. 管理者情商与管理能力[J].前沿,2013(11):145 - 147.

[88] 马海燕,沈明. 员工特质、营销能力与营销绩效的实证研究[J]. 现代管理科学,2012(7):108 - 110.

[89] 姚向东.组织素质——组织竞争胜利的关键[J].经营管理者,1998(8):1 - 3.

[90] 张涛,童帅.泛媒时代突发性事件中的媒体公关探究[J]. 新闻传播,2013(6):270 - 271.

[91] 马得勇,孙梦欣.新媒体时代政府公信力的决定因素——透明性、回应性抑或公关技巧?[J].公共管理学报,2014,11(1):104 - 113.

[92] 陈希镇,李学娟.结构方程模型下的信度估计[J].统计与决策,2011(1):13 - 15.

[93] JOHN VN,OSKAR M. Theory of games and economic behavior [M]. Princeton:Princeton University Press,1944.

[94] JOHN N. Non-cooprative games[J]. Ananals of Mathematics,1951,54(2):286 - 295.

[95] JOHN M S. Evolution and the theory of games[M]. Cambridge:Cambridge University Press,1982.

[96] SIMON H A. Theories of decision-making in economics and behavioral science [J]. American Economic Review,2000,49(3):253 - 283.

[97] SMITH J M. The theory of games and the evolution of animal conflicts. [J]. Journal of Theoretical Biology,1974,47(1):209 - 221.

[98] SMITH J M,PRICE G R. The logic of animal conflicts[J]. Nature,1973,246(5427):15 - 18.

[99] 刘德海. 群体性突发事件的演变与评估[M]. 北京:中国社会科学出版社,2012.

[100] TAYLOR RD,JONKER LB. Evolutionarily stable strategy and gamedynamics [J]. Mathematical Bioscience,1978,40(1 - 2),145 - 156.

[101] 向海涛. 双复杂网络间的演化博弈[J]. 物理学报,2015,64(1):2 - 9.

[102] 鲍海君. 土地督察与开发商囤地:策略抉择的演化博弈[J]. 中国土地科学,

2014,28(2):31 - 39.

[103] 卢强. 博弈论在电力系统中典型应用及若干展望[J]. 中国电机工程,2014,34(29):5009 - 5017.

[104] 樊斌,李翠霞. 基于质量安全的乳制品加工企业隐蔽违规行为演化博弈分析[J]. 农业技术经济,2012(1):52 - 55

[105] 许民利,王俏. 食品供应链中质量投入的演化博弈分析[J]. 中国管理科学,2012,20(5):132 - 141.

[106] 武晓雯. 跨国公司在华产品质量危机管理研究[D]. 济南:山东财经大学,2012.

[107] 邝启宇. 社交媒体在巨灾风险治理中的作用研究[D]. 成都:西南财经大学,2014.

[108] 方正,杨洋,江明华,等. 可辩解型产品伤害危机应对策略对品牌资产的影响研究:调节变量和中介变量的作用[J]. 南开管理评论,2011,14(4):69 - 79.

[109] 胡瑛. 食品安全类公共事件在微博中的传播状况[D]. 南昌:江西财经大学:2013.

[110] 马颖,张园园. 食品安全事件网络舆情的作用机理——以双汇“瘦肉精”事件为例[J]. 生产力研究,2013(8):86 - 88.

[111] 鲁津,栗雨楠. 形象修复理论在企业危机传播中的应用——以“双汇瘦肉精”事件为例[J]. 现代传播(中国传媒大学学报),2011(9):49 - 53.

[112] 陈百助,鲍永剑. 危机管理——当最坏的情况发生时[M]. 上海:复旦大学出版社,2003.

[113] 迪尔洛夫. 主张:驾驭世界最伟大的商业思想[M]. 西安:陕西师范大学出版社,2003.

[114] KAHN H,WIENER A. The year 2000: A framework for speculation on the next thirty - three years[M]. New York:MacMillanPress,1967.

[115] GEORGOFF D M,MURDICK R C. Manager's guide to forecasting[J]. Harvard Business Review,1986,64(1):110 - 120.

[116] SCHOEMAKER P J H. When and how to usescenario: a heuristic approach with illustration[J]. Journal of Forecasting,1991,10(6): 549 - 564.

[117] 刘樑,许欢,李仕明. 非常规突发事件应急管理中的情景及情景 - 应对理论综述研究[J]. 电子科技大学学报(社会科学版),2013(6):20 - 24.

[118] 刘霞,吴应会,严晓. 危机决策:一个基于“情景 - 权变”的分析框架[J]. 北京航空航天大学学报(社会科学版),2011,24(1):11 - 15.